CARO LEITOR,

Queremos saber sua opinião sobre nossos livros.

Após a leitura, curta-nos no facebook/editoragentebr,

siga-nos no Twitter @EditoraGente

e visite-nos no site www.editoragente.com.br.

Cadastre-se e contribua com sugestões, críticas ou elogios.

Boa leitura!

Natanael Oliveira

SEJA O EMPRESÁRIO DA SUA IDEIA!

Como criar
um grande negócio,
ser autoridade e
ganhar dinheiro

Gerente Editorial
Marília Chaves

Assistente Editorial
Carolina Pereira da Rocha

Produtora Editorial
Rosângela de Araujo Pinheiro Barbosa

Controle de Produção
Fábio Esteves

Preparação
Geisa Mathias de Oliveira

Projeto Gráfico e Diagramação
Osmane Garcia Filho

Revisão
Sirlene Prignolato

Capa
Sérgio Rossi

Impressão
Assahí Gráfica

Copyright © 2014 by Natanael Oliveira

Todos os direitos desta edição são
reservados à Editora Gente.

Rua Pedro Soares de Almeida, 114,
São Paulo, SP – CEP 05029-030
Telefone: (11) 3670-2500
Site: http://www.editoragente.com.br
E-mail: gente@editoragente.com.br

Dados Internacionais de Catalogação na Publicação (CIP)
(Câmara Brasileira do Livro, SP, Brasil)

Oliveira, Natanael

Seja o empresário da sua ideia : como criar um negócio, ser autoridade
e ganhar dinheiro. — São Paulo : Editora Gente, 2014.
Bibliografia.
ISBN 978-85-7312-988-5

1. Criatividade nos negócios 2. Marketing digital 3. Sucesso nos
negócios I. Título.

14-10232
CDD-650.1

Índices para catálogo sistemático:
1. Sucesso nos negócios : Administração   650.1

AGRADECIMENTOS

A DEUS, EM PRIMEIRO LUGAR, POIS TEM MINHA vida na palma de Suas mãos.

A minha esposa Iaponira, que ilumina meus dias com seu lindo sorriso e cuida de mim. Minha companheira, amiga e uma das principais incentivadoras deste projeto.

A meus pais, João Feitosa e dona Jucileide, por todo cuidado, amor, dedicação e pelo esforço que fizeram para que eu pudesse ter uma boa educação. Sei que não foi fácil, mas valeu a pena.

A meu pai, por seus ensinamentos preciosos, pelo exemplo e pelo incentivo.

A minha mãe, pelos conselhos, cuidados, e por sempre ter acreditado em mim.

A meus irmãos, João Rafael e Rafaele, por todo apoio, incentivo e aprendizado que dedicaram a mim, generosamente, o irmão caçula que sempre dava trabalho.

A meu avô, que já está no céu, Gumercindo Gomes, por me ensinar a sempre sorrir e fazer piadas, não importando a situação.

A minha avó, também moradora do céu, dona Geni Santos, que me ensinou a não desistir, jamais.

Aos amigos, colaboradores, alunos, clientes e parceiros que me apoiam e incentivam, e que acreditam em mim.

Muito obrigado a todos.

SUMÁRIO

Introdução 9

Capítulo 1 – Cada um tem sua corrida 13

Capítulo 2 – O ciclo da falência 23
    Libertando-se do ciclo da falência 29

**Capítulo 3 – As seis etapas para ser um empresário
digital e começar a ganhar dinheiro com a internet** 41
    Primeira etapa – Mude de canal 44
    Segunda etapa – Construa uma imagem de autoridade .. 45
    Terceira etapa – Construa sua lista de e-mails 47
    Quarta etapa – Use a força do Google a seu favor 48
    Quinta etapa – Transforme visitantes e fãs em clientes .. 49
    Sexta etapa – A apresentação da solução................. 51

Capítulo 4 – O mindset do sucesso em vendas 55
    Mude seu mindset 61

**Capítulo 5 – O produto mais valioso de todos: seu
conhecimento** 65

Capítulo 6 – Passo 1: Seja uma autoridade................. 73

Especialista, expert ou autoridade 77

Público -alvo.. 80

Capítulo 7 – Passo 2: Construa sua audiência 85

Como atrair a atenção de pessoas interessadas em sua

mensagem 85

Empacotamento de conteúdo 88

Ofereça conteúdo de excelência 90

Como criar seu primeiro ímã digital?................... 91

Capítulo 8 – Passo 3: As quatro etapas da otimização..... 97

O social e a busca, nos dias de hoje....................... 99

SEO na prática 101

A vida de uma pesquisa 104

Use as quatro funções dos mecanismos de busca para

posicionar seu site no Google e aumentar as vendas.. 109

Entenda seu público 121

Capítulo 9 – Passo 4: Construa seu sistema de

vendas on-line...129

A permissão 132

Introdução e primeira impressão....................... 133

As três camadas de nosso cérebro.................... 140

A criação de uma mensagem eficiente para seu público . 142

Capítulo 10 – Mostre a solução, mas abra espaço para

continuar vendendo 145

Capítulo 11 – Não troque tempo por dinheiro.............. 149

Capítulo 12 – Conquiste sua liberdade e sua independência 155

INTRODUÇÃO

"COMO SER DONO DE MEU PRÓPRIO NEGÓCIO?"

Essa é uma pergunta que talvez você já tenha feito em algum momento de sua vida profissional. Quem sabe, neste exato momento, enquanto este livro está em suas mãos, essa pergunta esteja circulando em seus pensamentos.

Ser dono do próprio negócio ou encontrar uma oportunidade real de crescimento profissional é a solução que muitas pessoas buscam para mudar suas vidas.

Imagine conseguir criar algo que seja 100% seu, que possa levar sua vida para outro nível, proporcionar segurança para sua família e permitir a realização de seus projetos e planos, até hoje guardados dentro de alguma gaveta.

Pense em você como o empresário da sua ideia, conseguindo criar um negócio do zero, sem precisar de empréstimo bancário, sem pedir dinheiro para familiares ou colocar as finanças em risco. Ou, talvez, conseguir ampliar seu negócio atual, sem ficar sem dinheiro.

Eis o tipo de resultado que a internet proporciona. Talvez você já tenha escutado que a internet não é o futuro, mas o presente, que ela é uma ferramenta extremamente poderosa para alavancar negócios etc.

Provavelmente, o que você ainda não encontrou foi um passo a passo de como tirar proveito dela sem precisar acumular dívidas e mais dívidas com informações que só o deixam mais confuso.

Foi o que aconteceu comigo, ainda em 2009, quando tinha um trabalho de que não gostava e não estava conseguindo ter bons resultados. Procurei na internet uma forma para mudar aquela situação tão difícil.

Tudo o que encontrava, porém, eram materiais de extrema complexidade, informações soltas e um aglomerado de dados que me faziam até ficar com dor de cabeça. Eu me sentia um completo ignorante no assunto.

Pensei em desistir umas 349 vezes, mas não tinha escolha: ou aprendia a vender por meio da internet ou precisaria continuar batendo de porta em porta para comercializar o produto que representava.

Com muita persistência, descobri que existia um caminho simples e organizado, praticamente uma receita detalhada de como usar a internet para vender produtos/serviços. Primeiro, apliquei essas técnicas para vender o produto que representava. Depois, decidi ajudar outras empresas a vender seus produtos/serviços pela internet. E, hoje, além de continuar ajudando centenas de empresas a utilizar a internet como uma poderosa ferramenta de vendas on-line, dediquei os últimos anos para ensinar pessoas comuns a entender os bastidores da internet e usar esse conhecimento para criar e vender produtos/serviços.

Infelizmente, a falta de conhecimento faz milhares de pessoas viverem uma vida profissional de frustrações, o que afeta diretamente todas as demais áreas.

Pessoas que acordam todos os dias sem nenhuma vontade de ir para o escritório, que não conseguem enxergar um crescimento em sua área de atuação ou, quem sabe, um salário melhor. O medo de não conseguir novas oportunidade faz com que elas continuem em empregos de que não gostam.

Um novo caminho.

Este livro apresenta um novo caminho, capaz de ser seguido por pessoas comuns, sem nenhum tipo de conhecimento avançado em tecnologia ou marketing: como utilizar a internet para transformar suas ideias em um negócio.

Você verá o passo a passo para transformar seu nome em uma autoridade em sua área de atuação e usar aquilo que você sabe fazer e transformar isso em uma solução para resolver problemas específicos de um público específico.

Nessa jornada, você descobrirá que existe uma maneira simples e organizada para fazer com que se torne um profissional reconhecido e admirado em sua área ou, quem sabe, em um novo setor no qual tenha interesse em atuar.

Aprenderá que existe um novo modelo de negócios, no qual você não recebe pelo que faz com as mãos, mas pelo conhecimento, pela experiência, pelas ideias.

Será capaz de criar seu próprio sistema de vendas on-line, algo 100% seu, que poderá ser gerenciado de onde você estiver, bastando um computador com acesso à internet. Um negócio realmente sólido, baseado em ajudar as pessoas com suas ideias, seu conhecimento e sua experiência.

Essa é a moeda mais valiosa da atualidade: suas ideias, seu conhecimento.

Acredito que você tenha uma história que precisa ser compartilhada com o mundo, que conte com algum tipo de conhecimento útil para milhares de pessoas.

Creio que você já possua tudo o que precisa para criar um negócio totalmente seu.

Este livro apresenta estratégias e conceitos com a história de diversos empreendedores que conseguiram transformar seus status de profissionais frustrados para o de empresários realizados.

Tenho fé de que, ao final desta leitura, você estará pronto para ser o "empresário da sua ideia".

Preparado?

CAPÍTULO 1

CADA UM TEM SUA CORRIDA

PODE PARECER ESTRANHO, MAS DEIXAR MEU último emprego foi a melhor coisa que aconteceu em minha vida. Daqui a pouco, você vai entender o porquê. É provável que você conheça alguém que esteja insatisfeito com a própria situação profissional: parente, amigo, esposa, marido ou até colega de trabalho. São muitas as pessoas que acordam desanimadas na segunda, na terça, na quarta e na quinta-feira, sabendo que terão de enfrentar mais um sofrido dia de trabalho. A sexta-feira não entra nessa conta, pois todos estão animados esperando o horário de ir embora e começar a aproveitar o tão esperado fim de semana.

Soma-se a isso o fato de que milhares de profissionais estão, neste exato momento, recebendo salários baixos, reajustados anualmente por índices tão pequenos, que mal dá para ser chamado de aumento. Pessoas que se dedicam intensamente em suas atividades, por horas e horas, e que não conseguem chegar ao fim do mês com a conta bancária no saldo positivo. Pais e mães que lutam dia a dia pelo sustento de suas casas, jovens que com toda sua energia se dedicam à construção da carreira, pessoas que se sentem frustradas com o resultado do esforço que fazem, pois o fruto de tanto trabalho quase não é suficiente para pagar as contas.

Ao começar a escrever estas linhas, enquanto aguardo o início do embarque de meu voo, sem querer escuto uma conversa ao lado, em que um dos rapazes diz: "Daqui a uns seis meses, vou começar a me preparar para fazer essa viagem com minha esposa, mas agora tenho de pagar as contas".

Infelizmente, essa tem sido a realidade de muitas pessoas que, logo no início do ano, já estão com dívidas para todo o restante dele. Afinal, tudo é parcelado em doze vezes no cartão, e "sem juros". Conheço muitos profissionais que fazem um verdadeiro malabarismo com dois empregos, enquanto começam projetos paralelos para tentar obter uma renda melhor. No entanto, é como se corressem atrás do vento.

Perder o emprego pode ser uma boa solução. Sei que pode não fazer sentido ainda, mas vou explicar, nas próximas linhas, o motivo de eu acreditar tanto nisso.

Em 2011, estava prestes a me formar em Publicidade e Propaganda, embora trabalhasse como vendedor de planos telefônicos. Já tinha tentado uma chance em diversas agências de publicidade, sem nunca ser chamado para uma entrevista.

Durante boa parte da faculdade, trabalhei como impressor digital, cuidando da manutenção de máquinas de impressão. Não era um trabalho muito fácil: carregava peso, o cheiro de tinta e de solvente era muito forte e minha jornada não era nada convencional. De dia, ia para a faculdade; à tarde, realizava alguns cursos de capacitação; à noite, dava meu expediente. Foram quase três anos com essa rotina. O salário era pouco, o trabalho era muito e a frustração, maior ainda. Enquanto boa parte de meus colegas de faculdade estava empregada em grandes agências ou trabalhava em sua área, eu não conseguia sequer uma entrevista.

Decidi pedir demissão e abrir minha própria agência de publicidade, comecei uma sociedade com um colega de curso, os clientes demoraram a aparecer e o negócio não durou mais do que três meses. Assim, além de não conseguir um emprego na área, tinha fracassado tentando criar meu próprio negócio e perdido uma boa parte de minhas economias.

Meu irmão, vendo a situação, ofereceu-me uma vaga de vendedor de planos telefônicos na empresa em que era o atual gestor. No começo, não quis aceitar; afinal, era um publicitário e não um vendedor de planos telefônicos. Contudo, o orgulho só durou até o momento em que vi meu saldo bancário.

Resolvi que iria me dedicar ao novo emprego com todas as forças e comecei o treinamento para me tornar um vendedor. Só havia um detalhe, que desconhecia: teria de bater de porta em porta para oferecer os produtos da empresa.

Comecei uma rotina exaustiva, visitando várias empresas, todos os dias, esperando horas na recepção para ser atendido e, para minha tristeza, vendendo muito pouco. Tinha muita vergonha de bater em tantas portas, achava aquilo embaraçoso demais. Ademais, recepcionistas não costumam ser muito amistosas com vendedores.

Na empresa em que trabalhava, durante as manhãs, eram realizadas reuniões de apresentação de resultado de vendas e, quase todos os dias, ao lado de meu nome estava uma constatação: *sem vendas*. Uma vergonha.

Percebia o olhar preocupado de meu irmão, que havia me indicado para a vaga, e eu estava na lista dos piores vendedores da empresa. Como você já deve imaginar, vendedor sem vendas não recebe comissão.

Passei, portanto, a fazer algo que não gostava, ganhando pouco, sendo pressionado por resultados e, para completar, tinha de começar a escrever minha monografia ou não iria conseguir terminar a faculdade naquele ano.

Em 2011, a rede social do momento era o Twitter. Milhares de pessoas, em todo o mundo, criavam seus perfis, apesar de as empresas ainda não acharem que aquele seria um local que pudesse ser interessante para gerar negócios.

Como não tinha muito a perder, decidi criar um perfil de consultor, informando que era representante dos planos telefônicos que vendia. Durante uma das reuniões de apresentação, meu celular tocou e não pude atender de imediato.

Ao final dela, retornei a ligação. Do outro lado da linha, uma pergunta:

— Você é consultor?

— Sim.

— Você pode visitar minha empresa?

— Claro.

Quando cheguei até ela, percebi que a cliente estava precisando muito de um novo plano e, em poucos minutos, consegui fechar a venda. Curioso como sou, perguntei

16

como ela havia obtido meu número. A resposta me deixou paralisado por longos segundos, não conseguia acreditar no que estava ouvindo, pedi que repetisse, pois não achei que aquilo fosse realmente possível. Ela me falou, de novo: "Pesquisei no Google, achei seu Twitter e anotei seu telefone".

Voltei para casa e corri para o computador. Ao fazer a pesquisa, lá estava meu Twitter com o telefone, na primeira página do Google!

Meu celular começou a tocar diversas vezes ao dia, embora a maioria das pessoas ligasse para fazer reclamações e não para comprar. Cansado de receber ligações que não gerariam nenhuma venda, decidi retirar o número do telefone.

Toda a alegria da venda realizada logo foi embora e deu lugar à antiga frustração de não conseguir vender, não conseguir melhorar meu salário e continuar naquela situação nada agradável.

Comecei a estudar sobre como posicionar um site no Google e conheci as técnicas de otimização de sites (em inglês, search engine optimization, o famoso SEO), que permitiam que minha página fosse encontrada com mais facilidade por quem buscasse esse tipo de serviço no Google. Criei um novo site e, então, resolvi utilizá-lo para responder a todas as perguntas que recebia por telefone e aproveitar para oferecer o plano ideal para cada tipo de empresa.

Deixei um campo para que as pessoas pudessem enviar seus pedidos e voltei para a rotina de bater de porta em porta. Alguns dias depois, recebi o primeiro e-mail com um pedido de compra bem detalhado. Rapidamente, enviei uma resposta e, no final do dia, tinha fechado meu primeiro contrato, tudo on-line, sem sair de meu quarto. Fiquei extremamente empolgado, passando a escrever novos artigos e a adicionar mais informações sobre os planos e, em poucas semanas, comecei a receber cada vez mais e-mails e pedidos de compra.

Nas reuniões de rotina, ficava ansioso para que chegasse logo meu nome e, então, todas as vendas que fiz fossem apresentadas. Comecei a fechar grandes contratos e, em pouco tempo, figurei entre os vendedores de mais destaque da empresa. Parei de visitar clientes de porta em porta, fechava todos os contratos on-line ou marcava reuniões por meio da internet. Comecei a ter uma nova renda, novas comissões e me sentia inteligente, afinal, estava vendendo pela internet.

Entretanto, tudo se acabou, após um único e-mail. Dessa vez, não era um pedido de compra, e sim um alerta. O título da mensagem enviada por meu irmão, João Rafael, era "A casa caiu...". A matriz da empresa entendeu que eu não poderia ter um site para vender os produtos on-line, uma vez que existia o site oficial para isso, entendendo como uma competição com um canal de vendas já estabelecido. Tive de remover minha página do ar naquele dia.

Sem ela, todos os pedidos sumiram, da noite para o dia. Minhas vendas desapareceram, junto com as comissões. Fiquei muito frustrado, pois não conseguia ver nada de errado no que estava fazendo, afinal, gerava resultados para a empresa. Na falta de uma alternativa, tive de voltar a bater de porta em porta, mais uma vez. Em uma dessas visitas, fui muito maltratado por um cliente, que disse que não me queria ver em sua empresa e, em alto e bom som, na frente de todos os funcionários, mandou que eu fosse embora dali.

Abaixei a cabeça, envergonhado, e saí de lá. Ao chegar em meu carro, com os olhos marejados e um nó na garganta, tomei uma decisão: "Não quero isso para a minha vida. Vou pedir demissão". A única falha do plano eram dois detalhes que ainda não mencionei: três meses me separavam de meu casamento (estava pagando as prestações do bufê) e tinha acabado de comprar um apartamento, sem nenhum novo emprego em mente.

Meus pais e minha noiva (atual esposa) começaram a perguntar se eu havia enlouquecido. Insistiram para que não fizesse aquilo, pois tinha carteira assinada, era um trabalho certo e poderia encontrar outra maneira de voltar a vender.

Tentei continuar por mais uma semana, mas não conseguia mais continuar com aquela rotina. Acordava sem ânimo para visitar os clientes, não tinha paciência para explicar as propostas, desmarcava as reuniões e não lhes dava retorno. E, assim, chegou o dia de pagar mais uma prestação do bufê e eu não tive dinheiro para fazê-lo.

Foi quando criei coragem e resolvi pedir demissão. Era preciso fazer alguma coisa. Para minha surpresa, o trabalho on-line pessoal fora proibido, mas a iniciativa tinha gerado bons comentários e recebi a proposta de ser supervisor de vendas, com o dobro do salário, participação nas vendas e sem precisar visitar clientes de porta em porta.

Fiquei em dúvida se aquilo era um sinal de que deveria continuar na empresa ou um teste se de fato queria seguir outra carreira. Pensei por mais alguns dias, chegando à conclusão de que aquele não era o trabalho que desejava, ainda que me pagasse melhor.

Fui fortemente aconselhado a aceitar a proposta, mas, em meu coração, não sentia a paz necessária para tomar aquela decisão. Agradeci a oportunidade e pedi demissão. Se conseguia vender planos telefônicos com o uso da internet, ela podia me ajudar a vender qualquer coisa, afinal. Comecei a visitar algumas empresas para falar da importância da internet para gerar mais vendas e comecei a contar como tinha vendido planos telefônicos.

Não demorou uma semana e meu primeiro contrato estava fechado. O negócio logo foi crescendo e, em pouco tempo, já somava dezenas de clientes, com os quais realizava consultoria de marketing digital e vendas on-line. Consegui pagar todas as prestações do bufê e minha esposa começou a me ajudar a cuidar dos novos clientes. Seis meses depois de pedir demissão, contratamos nossos primeiros funcionários e a agência seguiu aumentando sua carteira de clientes.

Comecei a receber convites para proferir palestras nos mais importantes eventos de marketing digital do Brasil, época em que realizei meus primeiros cursos, passando a ensinar as estratégias e ferramentas que usei para gerar vendas por meio da internet. Minha rotina atual consiste em ajudar empresas a vender seus produtos/serviços pela internet. Além disso, diversos alunos de meus cursos on--line aprendem os métodos e estão ajudando no crescimento dos negócios de outras empresas.

Ainda há muito trabalho a ser feito, mas hoje acordo satisfeito com o que faço e empolgado com a oportunidade de ajudar outras pessoas usando o conhecimento que também ajudou a mudar minha vida.

E pensar que tudo aconteceu porque eu estava insatisfeito com meu emprego. Tudo aconteceu porque fui maltratado por um cliente. Tudo aconteceu porque estava cansado de acordar cedo, trabalhar muito e ganhar pouco. Tudo aconteceu porque deixei meu emprego.

Atualmente, posso dizer que a melhor coisa que me aconteceu na vida foi deixar o emprego.

Este livro tem como objetivo mostrar que por meio da internet, com o conhecimento e as ferramentas corretas, você poderá experimentar uma transformação real em sua vida e em seus negócios.

22

CAPÍTULO 2

O CICLO DA FALÊNCIA

É PROVÁVEL QUE VOCÊ SE ENCONTRE ENTRE OS três tipos de profissionais que estão frustrados com seu trabalho. São eles os que:

- Gastam muito e não ganham nada:

A todo instante, milhares de profissionais investem em algum curso de especialização, MBA, cursos de extensão, cursos on-line, na esperança de, ao adicionar informações em seus currículos, ter a vida transformada do dia para a noite. A verdade é que existem milhares de pessoas com títulos acadêmicos que trabalham muito, continuam estudando muito, porém, sem o resultado financeiro esperado. São pessoas que investem muito dinheiro em qualificação e não conseguem transformar isso em retorno financeiro.

- Gastam muito e ganham pouco:

Existe outra categoria de profissionais que até consegue ter certo retorno mensal sobre o investimento feito em diversos cursos realizados. No entanto, nada de representativo ou que possa fazer uma diferença real no orçamento. E a pergunta fica no ar: "Valeu a pena tanto investimento?"

- Ganham muito e não têm tempo:

Há também o rol dos profissionais que conseguem uma boa renda, retorno de todo o investimento em capacitação, e que são extremamente ocupados. Não têm tempo para a família, não largam o celular e precisam trabalhar quase 24 horas por dia para manter o padrão de vida que a renda permite.

Esses três tipos de pessoas são vítimas do que chamo de "ciclo da falência". Falaremos sobre isso mais à frente.

Talvez, nesse momento, você esteja incrédulo sobre a possibilidade de realmente haver um caminho por meio do qual possa ver sua carreira alcançar um novo nível, sua vida ter um novo padrão de renda, obtendo reconhecimento em sua área. Conheço perfeitamente essa sensação. Eu também não acreditaria nisso se tudo não tivesse acontecido comigo. Se você, agora, sente-se frustrado e descrente de qualquer alternativa que funcione, a culpa não é sua.

Assim como ocorreu em minha vida, você deve estar sendo vítima de milhares de promessas que vieram de todos os lados, o que causa dois efeitos muito negativos na grande maioria dos profissionais. A dinâmica de trabalho, o desenvolvimento profissional e a remuneração tradicional podem gerar os seguintes sintomas:

- Primeiro: a frustração

Ao ver tantas histórias de sucesso e biografias de milionários instantâneos e diretores que chegaram até cargos de alto escalão antes dos 30 anos, muitos profissionais, quase sem perceber, começam a comparar suas vidas com as de pessoas que conseguiram alcançar certo tipo de sucesso. Ao perceber que não obtiveram tais resultados, sentem-se frustrados e derrotados. A tradição conta que a grama do vizinho é sempre mais verde. Para alguns profissionais, isso atinge outros limites: os vizinhos têm grama, e ela é verde, enquanto seus quintais só geram lama e mato.

Essa frustração impede que você celebre a vitória de pessoas a sua volta. Afinal, a impressão sentida é que todo mundo está se dando bem, menos você. Passei boa parte de minha faculdade frustrado, achando que meus colegas tinham mais sorte ou mais contatos do que eu. Hoje, no entanto, percebo que estava em uma corrida diferente das de meus colegas. Não era para haver uma competição, tão somente por que a modalidade era outra. Simples assim.

Cada um tem sua corrida, cada um tem seus objetivos de vida. Não é preciso competir com vizinhos, colegas de trabalho ou parentes. Você não precisa provar que é mais rico ou mais inteligente do que ninguém. Concentre-se em sua corrida. Nela, as regras são diferentes, a pista é diferente, tudo é diferente. Lembre-se: você não pode levar um carro de Fórmula 1 para correr em uma pista de gelo.

- Segundo: a desconfiança

É provável que você já tenha assistido centenas de propagandas na internet que acenam com a possibilidade de mudança de vida, e que se apresentam como a melhor opção para se ganhar dinheiro, e que se pode trabalhar no local escolhido e quando quiser. A verdade é que você não deve acreditar em tudo o que é dito no mundo on-line, é preciso sempre se manter atento a essas promessas de enriquecimento fácil ou algo relacionado.

Nunca vi ninguém ficar rico deitado no sofá de casa, sem fazer nada. Não existe segredo, você planta e depois colhe. Contudo, diversos profissionais vivem uma desconfiança exagerada quando o assunto é usar a internet como ferramenta de negócios. Muita gente não acredita que seja possível gerar negócios reais por meio dela e construir um negócio lucrativo. Muitos pensam que somente empresas com grandes verbas publicitárias podem ter resultado.

A desconfiança exagerada leva milhares de profissionais a fechar os olhos para as diversas oportunidades que o mundo on-line proporciona. A mentalidade de escassez, na qual se acredita que tudo está muito difícil, que não é possível ter melhores rendimentos ou aumentar o faturamento de uma empresa, induz muitos profissionais a atuar bem abaixo de seu real potencial.

No início de 2011, conheci a história de dois jovens empreendedores que usaram a internet para construir um negócio a partir do mais absoluto zero. Dois sócios com o sonho de empreender, mas sem capital para grandes investimentos. O primeiro acabara de falir sua empresa de turismo e o segundo tinha um emprego fixo, era reconhecido em seu trabalho, vivia uma estabilidade em sua área de atuação e não dispunha de recursos para investir no novo projeto.

Depois de assistir a uma palestra sobre marketing digital, um dos futuros sócios enxergou a oportunidade de criar uma empresa de capacitação, para realizar cursos e eventos na área. Tudo parecia contrário ao projeto dos dois amigos, que, afinal, não tinham experiência suficiente para começar um negócio do zero.

Os dois, com a ideia na cabeça e pouco dinheiro no bolso, procuraram um terceiro amigo que apostasse na proposta e investisse recursos no primeiro projeto. Eles iam realizar o evento da empresa: um curso de marketing digital durante um fim de semana. Para isso, era preciso alugar um espaço em um hotel, preparar material de divulgação e torcer para que as inscrições fossem suficientes para cobrir todos os custos, pagar o palestrante e gerar algum lucro.

"Como podemos fazer para que as pessoas venham até nosso evento?" Essa era a pergunta que os dois sócios faziam, preocupados com um possível grande fracasso bem na primeira tentativa. Foi quando surgiu a ideia: em vez de panfletar nas universidades, distribuir *flyers* ou algo do tipo, eles decidiram usar todo o poder da internet.

O medo do insucesso inaugural fez com que trabalhassem em ritmo intenso. Em poucos dias, iniciaram uma ação de divulgação do curso nas mídias sociais, lançaram o site da empresa e conseguiram os primeiros artigos em páginas da área, falando sobre o evento. Com muita criatividade nas peças de divulgação e o engajamento do público, que comentava e compartilhava o curso, conseguiram superar todas as metas de inscrições e, simplesmente, lotaram a sala do hotel.

A proposta inicial se viu transformada, no mercado de marketing digital, na realidade de uma empresa de capacitação. Os comentários positivos após o evento fizeram com que o público apontasse para a demanda de novos cursos e encontros. Eis a história do surgimento da empresa Quartel Digital.

Os sócios passaram a realizar diversos eventos, em vários estados brasileiros, trazendo sempre grandes nomes do marketing digital. Após um longo período de eventos presenciais, começaram a organizá-los em tempo real, pela internet, chegando a ter o próprio congresso on-line com mais de 5 mil participantes.

Três anos após a criação do negócio, Fernando Alves e Rafael Galdino se tornaram figuras conhecidas no mercado digital. A coragem de Fernando para começar um novo negócio, depois de falir, somada à atitude de Rafael, que abandonou o emprego fixo, foram os ingredientes que levaram os dois sócios a alcançar o sucesso.

Muita gente não gosta de seu trabalho, por acreditar que ganha muito pouco e não é valorizada ou por perceber que não pode ter grandes perspectivas de crescimento na empresa.

Um jovem brasileiro não estava nada satisfeito com seu trabalho em um banco, em Londres. A frustração fez com que decidisse pedir demissão de um emprego que, na verdade, era o sonho de muitas pessoas. Apesar do alto salário e das diversas bonificações, ele resolveu abrir mão de tudo e perseguir o sonho de criar o próprio negócio.

Ao iniciar um projeto on-line com o irmão, perdeu muito dinheiro com investimentos errados e pouco retorno, até que decidiu se voltar para capacitação e começou a participar de diversos treinamentos. O projeto começou a dar excelente retorno e a empresa passou a ter um faturamento de mais de sete dígitos. Depois de adquirir experiência sobre o funcionamento dos negócios on-line, Érico Rocha criou novas empresas, todas on-line, alcançando cifras até então jamais atingidas no mercado digital brasileiro no segmento de cursos on-line. Ao lançar o treinamento on-line chamado Fórmula de Lançamento, ele faturou um total de 6 milhões de reais em uma semana de vendas.

Histórias como as de Fernando, Rafael e Érico mostram que a internet é um lugar muito democrático, com oportunidades para os mais diversos nichos e tipos de projeto. Algumas pessoas escolhem aceitar seus empregos e sua atual realidade, enquanto outras preferem buscar novas oportunidades para progredir na vida e obter melhores resultados.

Minha sugestão é: comece sua procura pela internet, literalmente.

Libertando-se do ciclo da falência

Errar muitas vezes, tentando acertar, nem sempre significa sinal de persistência. Na verdade, pode ser um aviso gritante de que você precisa mudar de estratégia, com rapidez.

Durante uma palestra para profissionais de marketing, conheci um jovem que me procurou no final do treinamento para pedir algumas orientações. Em pouco mais de vinte minutos de conversa, ele relatou as diversas atividades que realizava em sua empresa. Algo que demandava cerca de cinco profissionais para ser executado, ele costumava realizar sozinho. Orgulhoso, ele me contou quantos projetos tinha conseguido desenvolver nos últimos meses, todos planejados e implementados com sucesso.

Apesar do cansaço decorrente da intensa rotina de atividades diárias, o jovem demonstrava estar contente por ver que conseguia evoluir como profissional. Contudo, a empolgação logo deu lugar a um discurso de dúvida acerca do futuro: "Não sei se vou conseguir seguir nesse ritmo por muito tempo, às vezes sinto que meu esforço não será recompensado financeiramente e estou cansado de ter de controlar minhas contas na ponta do lápis".

Percebi que por mais que ele se dedicasse e trabalhasse duro, conseguir um aumento salarial não parecia viável. Por precisar de mais dinheiro do que aquilo para viver, em breve ele estaria se tornando escravo do cartão de crédito e do cheque especial.

Lamentavelmente, são milhares os profissionais que passam o ano driblando suas dívidas, ansiosos para receber o 13º salário e conseguir um pouco mais de fôlego. São aqueles que sabem que é praticamente impossível conseguir dobrar o salário. Não importa quanto você seja bom, algumas empresas jamais vão lhe pagar o que você merece.

Notei que aquele jovem estava sendo vítima de um grave problema que tem atingido uma vasta gama de profissionais. São pessoas que entram naquilo que rotulei aqui como "ciclo da falência".

"Se terminar meu MBA, vou conseguir um salário melhor." "Quando terminar a faculdade, as coisas na empresa vão mudar para mim." Nem todos vão concordar com o que vou dizer, por isso, antes que eu receba uma mensagem sua, irritado, permita-me tentar explicar. O MBA não vai fazer você obter um salário melhor. Se você está terminando a faculdade e pensa que esse será o caminho mais rápido para dobrar o salário, antecipo que isso não vai acontecer.

Há uma exigência para a formação, e o ensino superior é importante, sim. Contudo, estamos em um momento em que os empresários valorizam o resultado que você é capaz de gerar, e não seus títulos. Se você é mestre em sua área de formação, mas não está alcançando metas, não vai durar muito tempo na empresa. Seu título não vai resolver os problemas da organização em que trabalha e também não fará com que os clientes briguem para ser atendidos por você.

Qualificação sem resultados não vale muita coisa.

O ciclo da falência é causado por esse tipo de pensamento: "Depois do curso, tudo vai mudar". Ele funciona assim:

1) Você paga por um curso on-line, curso de extensão ou MBA.

2) Na falta de alguma informação ou detalhe você não se sente 100% capacitado.

3) Tenta implementar o que estudou e não consegue alcançar bons resultados.

4) Decide que precisa de um novo curso on-line, uma extensão ou um MBA para poder resolver o problema.

E, surpresa, começa tudo de novo.

Muitas pessoas estão presas nesse *loop* infinito de investimento sem retorno, gerando cada vez mais gastos desse tipo. Já desembolsaram uma fortuna em cursos, livros, treinamentos e eventos, sem conseguir resultados reais, e acabam voltando a investir ainda mais, sem, no entanto, ter uma recompensa efetiva.

A cada mês surge um novo curso que promete resolver todos os problemas, revelar técnicas escondidas, apresentar algum segredo que ninguém conta, e você não consegue transformar tanto conhecimento em resultados práticos.

Quando ainda era autônomo e atuava como consultor de marketing digital, cheguei a ter dezenas de clientes em minha carteira de consultoria. Foram dias difíceis, de muita correria, muitas atividades a realizar, muita cobrança e pouco método de trabalho. Era uma situação delicada, afinal, não conseguia dar conta de tantos clientes de uma só vez e ficava apagando incêndios o tempo todo, apenas por não ter um método a seguir.

Decidi investir em minha capacitação, passando a comprar diversos cursos de marketing digital. Em poucos meses, estourei o limite de meu cartão e comecei a me preocupar se teria condições de pagar todo aquele investimento.

Meu medo era de não ter retorno suficiente sobre tudo o que estava investindo. Perdi muito dinheiro com cursos que não me levaram a lugar nenhum e horas preciosas de minha vida com informações que não me ajudaram em absolutamente nada.

Muitas vezes, cheguei a decidir que não ia mais gastar nenhum centavo até conseguir ter resultados de verdade. Contudo, poucos dias depois, já estava comprando novos cursos que torcia para que me ajudassem a finalmente resolver meu problema, que me ensinassem a habilidade que havia faltado aprender no curso anterior, que me dessem um plano mais efetivo.

Fiquei muito frustrado, pois a grande maioria dos cursos era técnica e não trazia informações práticas que pudessem ser implementadas. Até que, certo dia, li *Pai rico, pai pobre*, livro de Robert Kyosaki e Sharon Lechter, em que são apresentados os conceitos de "ativos" e "sistema". De acordo com os autores, um sistema é aquilo que gera resultados automáticos para você. Algo que funcione de maneira automatizada, sem que você precise participar de toda a operação.

Naquele momento, percebi que poderia ver meu negócio acabar a qualquer momento, pois não possuía um sistema. Tudo dependia de minha presença, meu conhecimento e minha execução. Foi quando compreendi que havia uma grande diferença entre ganhar dinheiro na internet e ter um negócio de verdade. Ganhar dinheiro com a internet se tornou um dos assuntos mais "populares da web", o que parece uma enorme redundância e, de fato, é.

O sonho de independência financeira faz parte dos planos de boa parte da população, ou pelo menos deveria fazer. Observamos, porém, um cenário sutilmente diferente dentro desse contexto, isto é, as pessoas estão buscando independência de um "chefe" ou de horários e obrigações de um profissional de carteira assinada, não necessariamente independência financeira.

Ganhar dinheiro na internet, ou com a internet, parece um caminho amplamente promissor, repleto de oportunidades e nichos a explorar, o que é uma grande verdade. No entanto, muito se engana quem acredita que esse trajeto não possui intensas horas de trabalho e dedicação. E é esse o detalhe que tem feito muitas pessoas naufragarem no mar da internet, todos os dias.

As promessas de dinheiro fácil e rápido estão por todos os lados e há até quem consiga ganhar dinheiro por certo período, sem ser capaz, porém, de construir um negócio de verdade a partir de planos de curto prazo. Parece um pouco de utopia falar da construção de um negócio sólido em meio às mudanças culturais e tecnológicas que presenciamos. Lembro-me de empresas que criavam fanpages personalizadas com aplicativos, em 2011, fechando contratos de 10 mil a 30 mil reais para construi-los, até que o Facebook mudou o formato das páginas e essas empresas sumiram. Da noite para o dia as companhias fecharam as portas.

O fato é que, todos os dias, novos segredos e planos são apresentados como uma maneira para se "ficar rico" com a internet. Há uma fábula muito conhecida, que fala acerca de dois tipos de construções de uma casa. A primeira é edificada sobre a areia e a segunda, sobre a rocha.

Eis o resultado das duas construções:

> **Casa edificada sobre a areia:**
>
> "Caiu a chuva, transbordaram os rios, sopraram os ventos e deram contra aquela casa, e ela caiu. E foi grande sua queda."
>
> **Casa edificada sobre a rocha:**
>
> "Caiu a chuva, transbordaram os rios, sopraram os ventos e deram contra aquela casa, e ela não caiu, porque tinha seus alicerces na rocha."

São milhares os cases de pessoas que ganham muito dinheiro trabalhando em seu escritório, montado no conforto da própria casa, trabalhando intensamente por algumas horas e gerando muitas receitas por meio da internet. Contudo, é necessário se manter bem atento com esse cenário aparentemente "perfeito".

Antes da quantidade de dinheiro, é preciso pensar em um modelo de negócio que seja sustentável. É importante que você se dedique à construção de algo que, de fato, possa se tornar um negócio, para não se desviar de seu caminho só para faturar um "bom dinheiro", por alguns meses, e depois voltar para a situação anterior.

A analogia com os dois tipos de casas se aplica à perfeição ao mundo dos negócios digitais, no qual a chuva e os ventos podem ser representados pelas mudanças em plataformas, algoritmos etc. Conheço dezenas de pessoas que viram seu faturamento encolher mais de 50% após atualizações nos algoritmos do Google, que fizeram seus sites perder muitas posições e suas empresas passar a não mais ser encontradas nas buscas realizadas. Será que a estratégia e o trabalho realizado estavam edificados sobre a rocha? O método adotado era mesmo sólido?

O dinheiro é uma consequência do valor que você consegue gerar para as pessoas. Falar que o dinheiro é consequência de um bom trabalho realizado já não é novidade. Isso não impede que todas as pessoas que eu conheça vivam sonhando em descobrir uma fórmula mágica para ganhar dinheiro, e passem a vida pulando de galho em galho, sem chegar a lugar nenhum.

Quando alguém fala algo como: "Natanael, descobri algo que dá muito dinheiro", já fico preocupado. Mais ainda quando isso se repete com determinada pessoa.

O conceito de valor pode ser entendido quando uma pessoa faz algo de útil e compartilha isso com o mundo, ou seja, o valor é percebido a partir do momento que o produto/serviço consegue ter impacto positivo sobre os outros.

Resolver problemas e melhorar a vida das pessoas deve ser o alicerce de seu negócio.

Profissionais que adentram no ciclo da falência são aqueles que dedicam seu valioso tempo em busca da pílula milagrosa do dinheiro fácil e investem seu precioso dinheiro em informações que não lhes levarão a parte nenhuma.

Depois de inúmeras tentativas frustradas de encontrar um caminho que funcione, a grande maioria perdeu muito dinheiro e voltou ao ponto de partida inicial. Com dívidas e a certeza de que tudo não passou de um grande erro.

Lembro-me de um jovem que, certa vez, recusou uma proposta de emprego, pois não queria perder a estabilidade de sua carteira de trabalho assinada e todos os benefícios. "Não posso sair de meu emprego garantido em troca de algo que não sei se vai dar certo." Infelizmente, ele não sabia que, duas semanas depois, seria demitido junto com outros três colegas. A empresa decidiu fazer uma redução de gastos e ele estava dentro da cota. Foi aleatório assim. Rapidamente, ele tentou resgatar a oportunidade que havia negado, porém, outra pessoa já tinha assumido a vaga.

Assim como esse jovem, milhares de profissionais vivem a ilusão do "emprego fixo", isto é, a crença de ter o futuro garantido decorrente da carteira assinada e de uma série de benefícios. O grande problema dessa situação é que toda a segurança está nas mãos do patrão, ou seja, se um dia algo der errado, o emprego não existirá mais.

Será mesmo seguro deixar sua vida nas mãos de outra pessoa?

A volta para a zona de conforto é sempre o ponto de chegada para muitos profissionais. Eles decidem investir cada vez mais tempo e energia em suas atividades. É pena, pois isso não costuma se transformar em retorno financeiro.

O sonho de viajar com a família ou de comprar um carro novo acaba sendo adiado com frequência e a certeza de dias melhores dá lugar ao medo de perder aquilo que se demorou anos para construir.

O ciclo da falência não perdoa: ou você sai dele ou ele vai levá-lo para uma rotina de frustração, mentalidade de escassez e descrença de que algo de bom pode realmente acontecer em sua vida.

Aproveito para apresentar mais um exemplo. Uma jovem recém-formada começou a dar aulas em algumas faculdades nas regiões próximas à capital de seu estado. Todos os dias, ela enfrentava uma rotina cansativa de horas de viagem para cumprir sua carga horária. Quando chegava à sala de aula, seus alunos a recebiam com um largo sorriso e, com seu carisma e sua dedicação ao trabalho, a jovem professora era querida por todos os alunos, professores e coordenadores.

A paixão por compartilhar conhecimento e o jeito único de falar com os alunos fizeram com que ela se tornasse um dos grandes destaques da faculdade.

Nas festas de final de ano, a professora recebia dezenas de presentes e sempre era a mais celebrada. Todo o esforço de horas de viagens diárias parecia estar valendo a pena e o futuro promissor era quase certo.

Como não tinha o título de mestre, ela recebia um valor de hora/aula que não estava suportando suas despesas mensais. Todo mês, o salário mal dava para pagar as contas, obrigando-a a aceitar novas turmas em horários alternativos.

Decidida a seguir na carreira, a jovem iniciou o projeto para o mestrado. Contudo, após longos meses de preparação e a criação detalhada da apresentação, um voto negativo da banca examinadora adiou o sonho de começar o programa de pós-graduação. Sem o título, o salário não tinha chances de ser reajustado, e assumir novas turmas era algo humanamente impossível. Ela, então, passou a investir em diversos cursos, eventos e congressos, procurando uma oportunidade para obter melhores rendimentos.

No fim de cada evento, o sentimento de frustração se tornava cada vez maior. Em alguns casos, até surgia a esperança de uma nova oportunidade em algum congresso, curso ou encontro de profissionais, mas sempre ficava faltando algo prático a seguir. Com dívidas no cartão de crédito, a professora precisou da ajuda de familiares para conseguir quitar todas as despesas.

Diariamente, sem perceber, a jovem lamentava a rotina que levava, horas de viagens ou em pé, dando aula, salário limitado, dívidas no cartão de crédito e cobrança dos familiares. Seu trabalho chamou a atenção de outras pessoas fora da faculdade e ela acabou recebendo um convite para trabalhar com marketing digital, realizando a gestão das mídias sociais de diversas empresas. Apesar de contrariada por ter de mudar de planos, ela decidiu aceitar o novo desafio.

Como era de costume, dedicou-se e investiu horas a fio em busca de informações sobre aquele novo mundo, no qual não eram os títulos que determinariam seu salário, mas o resultado que ela fosse capaz de gerar para seus clientes. Não muito tempo depois, ela se tornou destaque em sua equipe e iniciou novos projetos que, agora, permitem-lhe alcançar uma renda até dez vezes maior que a de seu antigo emprego.

Algumas pessoas amam seu trabalho, embora não consigam aumentar os ganhos e acabem sempre adiando os sonhos, por falta de recursos. Outras, ainda, odeiam o que fazem e também não conseguem melhorar a situação financeira.

Não é por acaso que os livros que falam sobre enriquecimento são os mais vendidos no mundo. É claro que as pessoas até sonham em melhorar de vida, mas falta um plano organizado sobre como dar o primeiro passo na busca da independência não apenas financeira, mas, principalmente, de tempo.

Há uma crença de que a única maneira de aumentar a renda é trabalhando duas vezes mais. Essa pode ser uma forma de ganhar mais dinheiro, embora não seja a mais inteligente.

Milhares de profissionais, nesse instante, estão insatisfeitos com os próprios trabalhos. No entanto, não fazem nada a respeito e aceitam que a vida é assim, como ouviram desde a infância.

A melhor estratégia é trabalhar com inteligência e seguir um plano organizado. Assim, você encontra uma maneira de se cansar menos e ganhar muito mais. Parece interessante? Falaremos sobre isso no próximo capítulo.

CAPÍTULO 3

AS SEIS ETAPAS PARA SER UM EMPRESÁRIO DIGITAL E COMEÇAR A GANHAR DINHEIRO COM A INTERNET

A INTERNET É O LUGAR MAIS IGUALITÁRIO QUE JÁ conheci. Nela, não existe distinção de raça, cor, religião ou status social. Você já deve ter assistido a um filme no YouTube, com qualidade de cinema, tanto quanto um vídeo amador gravado no celular. Vídeos que foram vistos por milhões de pessoas em todo o mundo, pessoas que se tornaram famosas de maneira instantânea ou empresas e profissionais que faturaram múltiplos dígitos com a ajuda da rede.

Sempre me perguntam como consegui, em tão pouco tempo, criar duas empresas do zero, fechar contratos com grandes clientes, ser convidado para participar de importantes eventos nacionais e ter uma fila de clientes dispostos a pagar por uma consultoria.

A resposta é: foi tudo graças ao poder da internet. O acesso à internet e um forte desejo de ter uma vida melhor levaram minha carreira para um nível que eu duvidava que pudesse chegar algum dia. Com a ajuda da internet, todos os meus sonhos começaram a ser realizados em um tempo muito curto.

Usar a rede a meu favor me ajudou a conquistar independência financeira, auxiliar financeiramente meus familiares, viajar para o exterior, participar de eventos importantes, ser reconhecido em minha área e até escrever este livro, tudo isso antes de chegar aos 30 anos. Graças ao poder da internet.

Quando você aprende a plugar o poder da internet em sua carreira e/ou em seus negócios, passa a ser capaz de alcançar resultados que talvez não acreditasse possíveis.

Nesta obra, desejo compartilhar com exatidão o plano que segui para:

a) Transformar meu nome em uma autoridade em minha área de atuação.

b) Alcançar um ótimo nível de vida, sendo respeitado e reconhecido como profissional (apesar de minha pouca idade).

Usei a internet para trabalhar a meu favor e de acordo com meus objetivos. Você vai aprender de um jeito simples e prático a levar sua carreira profissional para o próximo nível, a se transformar em uma autoridade em seu mercado e a aumentar o faturamento de seu negócio usando esse poder.

Uma das grandes desculpas que escuto, quase todos os dias, é: "Natanael, não me sinto preparado para compartilhar algum conhecimento na internet, preciso me preparar mais". Falaremos sobre esse ponto com detalhes logo mais, pois sei que é um problema que paralisa o crescimento de milhares de profissionais.

Antes, quero dar uma visão geral acerca dos passos que você deverá seguir para se tornar um empresário digital.

A primeira pergunta que muitos se fazem, sempre que escutam algo relacionado com a opção de ter o próprio negócio ou melhorar seus rendimentos é:

"Será que desejo ser empresário?"

Eu mesmo me fiz essa pergunta, por diversas vezes. Contudo, a internet trouxe um novo modelo de negócio, algo que não precisa de um prédio físico, dispensa centenas de funcionários e seu computador o suporta totalmente.

Experimente fazer esse exercício. Em vez de ler o termo "empresário" e pensar em todos os problemas relacionados com empresas, funcionários, custos e preocupações, tente fazer uma nova associação.

Sempre que ler a expressão "empresário digital", imagine o seguinte:

Você, em qualquer lugar que sonhe estar, gerenciando sua empresa por meio de seu computador, acompanhando o faturamento com o uso de softwares on-line e com tempo disponível para sair com os amigos para um jantar ou para passar um final de semana com a família.

Experimente repetir esse exercício, nos próximos dias. Toda vez que pensar em ser dono de um negócio digital, comece a se visualizar trabalhando em seu computador, onde quer que você esteja.

Não se esqueça de imaginar que depois que você desligar a máquina, terá um compromisso: o de passar mais tempo com a família, conhecer um novo restaurante ou, quem sabe, uma praia, ou seja, o de investir na própria vida.

Imagino que o leitor esteja pensando: "Tudo isso parece bom demais para ser verdade, mas na prática não é assim que funciona".

Essa é uma grande verdade. O fato, porém, é que poucas pessoas conseguem atingir esse estilo de vida. Muitas outras não têm um método definido e buscam diversas maneiras de estabelecer um negócio on-line, trabalhando por horas a fio e mal podendo se sustentar.

Se você sonha em ter algo seu, que proporcione uma qualidade de vida melhor para si e a família e que seja capaz de garantir uma vida longa, em termos de emprego, poucas opções são melhores do que construir o próprio negócio digital.

Primeira etapa – Mude de canal

Como seres humanos, gozamos de uma liberdade da qual muitas vezes não nos damos conta. Todos temos a capacidade de gerar mudanças em nossas vidas a qualquer momento, basta querermos.

Se amanhã você decidir chegar ao trabalho e pedir demissão, poderá fazê-lo?

Esqueça a parte racional do exercício, só responda: sim ou não?

Você até poderia, mas não o faria, por uma série de motivos. Se, porém, existisse uma boa razão, algo realmente vantajoso, você poderia ir até o setor de recursos humanos e informar o pedido de desligamento. Simples assim.

Se você é uma pessoa que gosta muito de beber refrigerantes, mas resolver que não vai mais fazer isso, conseguirá parar de tomar? Sim ou não?

Seja a permanência no atual emprego ou uma mudança de estilo de vida, o ser humano é totalmente responsável por suas escolhas. Isso ninguém pode negar.

Assim como você troca de canal quando não está gostando do programa que está assistindo, faça a seguinte experiência: procure mudar o canal de sua mente, ou seja, tente alterar a forma como você pensa.

Se, hoje, você não acredita que possa vir a ter um salário dez vezes maior do que tem, experimente tentar acreditar nisso por pelo menos 24 horas. Caso não imagine ser capaz de ter o próprio negócio, procure se ver como o dono de uma empresa. Se você acha que seu conhecimento não tem valor nenhum, tente imaginar, por alguns instantes, uma fila de pessoas agendadas para ser ajudadas por você. Pessoas dispostas a investir dinheiro em troca de sua consultoria, seu auxílio ou seu treinamento.

Sem conceber em sua mente que pode levar a vida profissional para outro nível, dificilmente você conseguirá.

Segunda etapa – Construa uma imagem de autoridade

Uma das perguntas que mais recebo por e-mail é: "Natanael, o que preciso fazer para conseguir ter sucesso on-line?"

Muitas pessoas não acreditam que o que elas já sabem pode gerar riqueza, de alguma maneira. Não param para observar que há gente disposta a investir em cursos, eventos, seminários ou livros para aprender algo que também ensinará.

Sempre respondo que para se conseguir sucesso na internet é necessário um posicionamento que seja capaz de transformar o próprio nome em autoridade. Ocupar a mente das pessoas em uma área de conhecimento específica é a melhor forma de construir isso. Não tente competir por atenção em mercados tão competitivos, seja criativo e posicione-se em brechas que possa ocupar.

Quando comecei minha carreira no marketing digital, por todos os lados as pessoas só citavam o poder das mídias sociais. Naquele contexto, estar nas mídias sociais era algo inovador para uma empresa. Todos os eventos, congressos e blogs se multiplicavam, desdobrando-se sobre o assunto.

Um dia, em uma palestra de marketing digital, comecei a prestar atenção às perguntas e às reações dos presentes, cada vez que o conteúdo era apresentado.

Quando o assunto abordava o contexto de mídias sociais, toda a plateia se concentrava, participava e questionava.

Contudo, quando o palestrante começou a falar de otimização de sites, um profundo silêncio tomou conta do local. Nenhuma pergunta. Aquele não era um assunto que as pessoas presentes dominavam. Decidi, naquele dia, que iria estudar tudo o que pudesse sobre o assunto. Parei de escrever sobre mídias sociais e comecei a publicar artigos sobre otimização de sites. Com o passar do tempo, meu blog começou a receber milhares de visitantes, até que, certo dia, um dos leitores me convidou para participar de um evento como palestrante.

O assunto? Otimização de sites. Faltavam profissionais preparados para abordar o tema em minha cidade e, logo, tornei-me o nome certo para discorrer sobre o tema, em quase todos os eventos. Foi como consegui fechar diversos contratos de consultoria em otimização de sites.

Quando você constrói uma imagem de especialista, tudo fica mais fácil. No entanto, existe o jeito correto de fazê-lo. Falaremos sobre isso adiante.

Terceira etapa – Construa sua lista de e-mails

Em 2012, depois de publicar mais de quinhentos artigos sobre marketing digital, gravar diversos vídeos, compartilhar estudos de casos e realizar centenas de palestras, um colega me disse: "Você deveria escrever um livro sobre o assunto". Adorei a ideia e comecei a procurar algumas editoras para apresentar a proposta de escrever um livro que mostrasse como era possível usar a internet como ferramenta de marketing e vendas.

Passei cerca de um ano tentando alguma aprovação, sem retorno positivo. Cheguei a participar de reuniões, mas nada de concreto aconteceu. Decidi que iria publicar o material na internet, gratuitamente, como forma de testar o interesse das pessoas sobre o tema.

Aproveitei a oportunidade e lancei um e-book, gratuito, chamado *SEO na prática,* no qual reunia conceitos, dicas e estratégias sobre como usar o Google para aumentar as vendas de uma empresa. Em pouco mais de um mês, cerca de 5 mil pessoas fizeram o download. No total, 15 mil pessoas tiveram acesso ao material.

Foram centenas de depoimentos positivos e, com isso, diversos profissionais passaram a me conhecer.

Contudo, algo ainda mais surpreendente ocorreu. Para baixar o material, o visitante precisava cadastrar um e--mail. Com isso, construí uma lista de e-mails de pessoas interessadas no assunto abordado. Continuei enviando novos conteúdos, por e-mail ou via dicas, vídeos e palestras. A cada envio, diversas respostas de agradecimento por mais um artigo útil me eram remetidas.

Entre um agradecimento e outro, vários empresários entravam em contato comigo para solicitar uma proposta de consultoria. Cheguei até a receber e atender clientes da Europa. O e-book me ajudou na construção de uma autoridade e também a elaborar uma lista de pessoas interessadas no que tinha para falar.

Quando você tem uma relação de e-mails, é possível conversar diretamente com seu leitor e possível cliente. Construir tal lista é um passo fundamental para alcançar sucesso on-line. Como há maneiras e estratégias corretas para fazê-lo, vamos falar disso à frente.

Quarta etapa – Use a força do Google a seu favor

Graças a dois jovens empreendedores, Larry Page e Sergey Brin, consegui elevar minha carreira para outro nível. Algumas pessoas brincam que, se algo existe, com toda certeza está no Google. E foi com a força do maior buscador do mundo que consegui vender planos telefônicos por meio da internet.

Poucas pessoas sabem preparar um site para que ele tenha maiores chances de se posicionar com destaque no Google. Talvez você não saiba, mas ele é o segundo site em acessos no Brasil, atualmente, perdendo apenas para o Facebook.

Quando você tem alguma dúvida, vai direto para o Google. Quando surge algum problema que não sabe resolver, é ao buscador que recorre.

O público em geral faz pesquisas no Google todos os dias, diversas vezes. É quase certo que, no instante em que você lê essas palavras, alguém esteja diante da logomarca do site.

Entender de maneira prática e objetiva como otimizar um site para que ele possa ser encontrado nos mecanismos de busca é algo que precisa ser contemplado dentro de um projeto digital. Isso traz mais opções além de pagar por anúncios ou por uma melhor colocação nos mecanismos de busca e nas redes sociais.

Ou você vai ficar refém da estratégia de publicidade de Google e Facebook?

Quinta etapa – Transforme visitantes e fãs em clientes

Ter um site com milhares de visitantes ou uma página no Facebook com milhares de seguidores não é certeza de sucesso. No mundo dos negócios on-line o que vale é a compra realizada. Se o cliente não comprar, você fracassou.

Esse talvez seja o maior erro dos profissionais que se aventuram na internet sem o devido preparo. Pessoas que se esforçam para chamar a atenção do público, atraem milhares de visitantes para seu site, e não trabalham de maneira estratégica para transformar seguidores em clientes.

Não podemos esquecer que existe uma lógica para o consumo, uma razão para as pessoas comprarem determinados produtos e uma emoção envolvida que as fazem tomar esse tipo de decisão. Se você não conseguir despertar as sensações corretas, as vendas tão somente não vão acontecer.

Há diversos estudos de neuromarketing que mostram que boa parte das decisões de compra não se dá de maneira consciente. Portanto, no início da apresentação de seu produto/serviço, você precisa transmitir a mensagem pretendida, de modo que o subconsciente do potencial cliente possa ser sensibilizado.

Ao falhar nessa etapa, todo o esforço para atrair as pessoas vai por água abaixo. Você precisa dominar as técnicas de construção de um discurso de vendas que prenda a atenção do público, desperte o interesse naquilo que você apresenta, crie um desejo e conduza as pessoas para uma ação.

Se elas não são direcionadas para a atitude que você pretende, vão fazer qualquer coisa, menos comprar seu produto ou contratar seu serviço. Seja você uma empresa que vende produtos/serviços ou um profissional que quer usar o conhecimento para criar um negócio digital, uma regra é certa para quem deseja alcançar sucesso nesse ambiente digital: se ninguém parar para prestar atenção na mensagem, não será possível chegar muito longe.

O pulo do gato é reconhecer que existem milhares de "ladrões" de atenção quando estamos conectados, todos disputando nosso clique. São janelas e mais janelas que ficam saltando e buscando nossa atenção. A concorrência não é nada pequena. No entanto, existem atalhos, armas que, se usadas corretamente, farão com que sua mensagem encontre um público ávido para ouvir o que você tem a compartilhar.

Esses atalhos são conhecidos como "gatilhos mentais". Bastante difundidos pelo livro *As armas da persuasão*, de Robert Cialdini, consistem em técnicas utilizadas para capturar a atenção e influenciar as pessoas.

Utilizar de maneira correta os gatilhos mentais pode representar a diferença entre vender pela internet ou apenas receber visitantes em seu site. Para atingir o grande objetivo de transformar seu visitante em comprador, é fundamental criar um funil que seu público deve atravessar antes de receber sua oferta.

Uma arte que você precisará dominar.

Sexta etapa - A apresentação da solução

Existe quem sempre enxergue os problemas como algo negativo e devastador. Entretanto, não foram poucos os negócios que surgiram após a identificação de problemas que logo se transformaram em oportunidade.

Na época em que vendia planos telefônicos, meu grande problema era não conseguir realizar as vendas batendo de porta em porta. Sair pelas ruas atrás de clientes era algo que tinha certeza de que não representava a melhor estratégia.

Estava, então, diante de um grande problema. Como vender mais sem precisar repetir aquela receita? Quando decidi ir para a internet e consegui obter grandes resultados em vendas, ainda não havia me dado conta de que aquela seria a melhor oportunidade de minha vida.

Foi ao visitar os primeiros clientes para apresentar o serviço de consultoria em marketing digital que percebi que a dor que sentia era exatamente a mesma sofrida por meus possíveis clientes. Vi centenas de empresas que não conseguiam aumentar as vendas e investiam em ações que jamais funcionavam.

Entender o problema o qual você vai ajudar a resolver é fundamental para que possa alcançar seus objetivos. Todo posicionamento e autoridade serão construídos a partir do instante que você começar a comunicar as possíveis soluções para os problemas identificados.

A criação de conteúdo relevante é, sem dúvida, uma das etapas fundamentais para a construção de um negócio digital de sucesso. Contudo, somente produzir conteúdo sem um plano organizado não será suficiente. Cada artigo, vídeo ou mensagem publicada precisa fazer parte de uma estratégia, que tem como objetivo direcionar o visitante para uma ação específica.

Essa ação é chamada de meta de conversão, que pode ser uma venda realizada, um pedido de orçamento ou um cadastro de e-mail.

A estratégia inteira deve ser desenvolvida para direcionar o público para atingir um objetivo final, que, na maioria dos casos, consiste em uma venda. Lembre-se disso: todas as ações têm como meta uma venda. Sem exceção.

CAPÍTULO 4

O MINDSET DO SUCESSO EM VENDAS

IMAGINE QUE AO ACORDAR, PELA MANHÃ, UMA fila enorme de clientes, ansiosos para ser atendidos por você e desejando sua consultoria, seu produto ou sua prestação de serviços o aguarde. Talvez isso possa parecer bom demais para ser verdade. Eu também pensaria dessa maneira, se não tivesse acontecido comigo ou não tivesse visto o fato se repetir com diversas pessoas.

Conheci um jovem de Brasília em um evento, há cerca de um ano. Durante a apresentação, ele disse que seu maior sonho sempre foi o de ser dono do próprio negócio, e que sua fantasia, sendo bem específico, era a de nunca precisar de um emprego com carteira assinada. Seus pais passaram anos tentando tirar essa ideia de sua cabeça, sem lograr êxito, pois todos os dias ele repetia que não almejava tal vínculo empregatício.

Pois o intenso desejo se tornou realidade. Seu primeiro trabalho foi em uma empresa digital, criada em sociedade com o irmão mais velho. Atualmente, ele se orgulha de ter alcançado o objetivo, tal e qual acreditava ser possível. O jovem em questão é Hugo Rocha, irmão de Érico Rocha, sócios na empresa Ignição Digital, responsável por um dos maiores lançamentos de infoprodutos no Brasil, que obteve um faturamento de 2 milhões de reais em sete dias.

Talvez você esteja lendo essas palavras, agora, pensando em quanto desejaria ter o próprio negócio ou que ele atingisse outro patamar de lucros. Já participei de centenas de projetos on-line, nos quais conheci empresas dos mais diversos portes, desde organizações com uma dezena de funcionários até outras com mais de 2 mil. O que pude observar foi que, qualquer que fosse a empresa, o tamanho ou o ramo de atividade, ela só crescia até onde os donos acreditavam ser possível.

Nas empresas menores, os donos tinham um pensamento limitado acerca do potencial. Enquanto nas maiores, os líderes apresentavam visão macroscópica.

Faça um teste durante os próximos dias e comece a observar as pessoas próximas de você. Fique atento à maneira como pensam sobre elas e seus projetos. Perceba que existe uma visível relação entre aquilo que acreditam que podem realizar e os resultados que colhem em seus projetos. Na semana seguinte, volte-se para você e o que acha de seus planos e de sua capacidade.

A internet está repleta de casos de sucesso de quem acreditava ser possível chegar mais longe, ainda que a tarefa não aparentasse ser fácil.

No começo de 2013, conheci a história de um jovem personal trainer que havia obtido um considerável sucesso em sua área de atuação. Mesmo com um ótimo salário na academia em que trabalhava, ele sentia que poderia ajudar um número maior de pessoas e ter uma atividade mais ampla do que aquela. A academia tinha um número limitado de alunos e ele acreditava, com determinação, que poderia fazer mais.

Os colegas de trabalho repetiam à exaustão que ele já estava em seu máximo potencial, com um ótimo salário e boa reputação, e que deveria ficar contente.

A ideia de atingir mais pessoas ficou cristalizada em sua mente, até que resolveu iniciar um projeto na internet, tendo como missão ajudar as pessoas a emagrecer de verdade. Depois de diversos estudos sobre exercícios de alta intensidade, Vinícius Possebon lançou o e-book *Queima de 48 horas*, no qual compartilhou vídeos e orientações com o objetivo de ajudar homens e mulheres a emagrecer com exercícios que podem ser feitos sem sair de casa. Seis meses após o lançamento do produto, ele atingiu um faturamento de um milhão de reais.

Quando lhe perguntam como decidiu começar um negócio digital, sua resposta é bem direta: "Depois que descobri que existia essa oportunidade, ficava pensando nisso o tempo todo".

Algumas pessoas não agem apenas e tão somente porque não acreditam que podem obter bons resultados.

Também foi essa a história de uma professora universitária, chamada Ana Lopes, que por vários e vários anos se dedicou intensamente à rotina da sala de aula. Com PhD e diversos projetos acadêmicos reconhecidos, ela não acreditava que existisse outra forma de ter uma renda satisfatória para suprir suas necessidades.

Ana passou a enfrentar uma forte depressão e começou a ficar cada vez mais desanimada com seu trabalho. Naquela fase, sua mente não conseguia conceber ser possível sair daquela situação.

Ela tomou a decisão de investir em cursos on-line, na área de empreendedorismo digital, e começou a mudar de atitude, passando a crer que havia uma nova oportunidade para transformar seus conhecimentos em um negócio próprio.

Em alguns meses, decidiu criar um produto que pudesse ajudar as pessoas a aprender mais rápido. Um curso que ensinasse a estudar e absorver melhor todas as informações.

Após pouco mais de doze meses, a professora universitária abandonou a sala de aula e iniciou o próprio negócio. Com dois produtos digitais a venda, já faturou mais de 500 mil reais. Tudo se deu quando decidiu acreditar que era possível.

Todas essas pessoas se transformaram em autoridades em suas áreas de atuação. De anônimos a empresários digitais bem-sucedidos. A resposta que todas têm em comum para o sucesso é: "Tudo começou quando acreditei que era possível".

A internet tem permitido a criação de milhares de negócios, todos os dias. Contudo, os mais promissores são os que surgem pelas mãos de profissionais que possuem conhecimento suficiente e capacidade para resolver problemas.

Experimente parar por alguns instantes e refletir sobre sua história de vida, seus conhecimentos e suas habilidades.

Existe um produto ou serviço guardado em sua mente, esperando que você acredite nele. Muitos costumam não acreditar que seu conhecimento tenha algum valor: "O que eu sei não tem nada demais".

Tente fazer uma ou duas perguntas mais profundas sobre sua área de atuação para parentes ou amigos que sejam leigos. Você ficará surpreso com o resultado.

Quantos profissionais de Educação Física existem no Brasil? Quantos professores universitários?

Por que Vinícius Possebon conseguiu destaque? Ele é o melhor personal trainer do Brasil? É provável que não. Contudo, foi o que decidiu acreditar. Ele resolveu se imbuir de que era possível fazer aquilo. Quantos professores teriam a coragem de Ana Lopes para abandonar um emprego estável e começar um negócio digital?

No livro *O negócio do século XXI*, Robert Kiyosaki explica que dentro de cada mente há um vencedor e um perdedor. Existe uma disputa constante entre os dois, sendo o primeiro o responsável direto pelos resultados alcançados.

Se o perdedor prevalece, insistirá nos motivos que impedem atingir os objetivos.

O perdedor interno que carregamos está sempre usando frases como "Não tenho experiência suficiente", "É muito arriscado", "Isso não vai dar certo comigo".

Um dos principais argumentos da mente perdedora trata do medo de falhar, pela ótica da preocupação com os outros. "Se não der certo o que vão dizer?"

A mente vencedora, por sua vez, aborda os aspectos positivos das chances de se lograr êxito. "Eu vou conseguir", "Estou no caminho certo".

No ambiente digital, a competição não permite que haja espaço para uma mente voltada para o derrotismo. Se você não consegue acreditar que é possível usar a internet a seu favor, dificilmente conseguirá ter bons resultados.

Há alguns anos, estava em reunião com um empresário interessado em iniciar um projeto on-line, e ele, em dado momento, lançou-me um desafio: "Convença-me de que a internet pode gerar resultados para mim".

Naquele instante, percebi que sua mente não estava pronta para o projeto. Minha resposta foi: "Você ainda não está pronto para a internet. Antes disso, precisa mudar seu mindset". Ele replicou: "Então, convença-me". Finalizei: "Não preciso lhe convencer. Se você não acreditar espontaneamente, não terá resultados".

Poucas semanas depois, um de seus maiores concorrentes iniciou um projeto que, em poucos meses, atingiu recordes de vendas no segmento.

O termo "mindset" tem se propagado no ambiente empresarial, representando algo na linha de "mentalidade de empreendedor". Sua definição se aproxima de uma atitude mental fixa que pode ser traduzida por nossas crenças.

Quando alguém diz: "É preciso mudar de mindset", está sugerindo ser necessária uma revisão de crenças sobre determinados assuntos.

Se você está firme em sua decisão de usar a internet a seu favor, seja para criar um negócio digital do zero, seja para alavancar as vendas, ganhou uma "lição de casa".

Mude seu mindset

Muitos profissionais encontram-se paralisados na carreira, porque aprenderam a viver com uma "mentalidade de escassez", que se manifesta mais ou menos assim: "A situação está difícil [...] tudo é muito caro [...] as pessoas não valorizam meu trabalho [...] não vou conseguir comprar minha casa com o salário que ganho [...] o governo não ajuda [...] nada melhora".

Na mentalidade de escassez, todos são culpados por seu fracasso. Trata-se de uma espécie de pensamento altamente limitante, presente em muitos que acreditam que só podem crescer se outras pessoas fracassarem.

É o tipo de funcionário que torce para que seu gerente pise na bola para que tenha alguma chance de promoção. Como se houvesse um número limitado de oportunidades, ele precisa derrubar alguém para crescer.

Ou o empresário que sempre acha que o mercado está em baixa: "As pessoas não estão comprando [...] ninguém quer pagar o valor que meu produto/serviço vale".

Talvez você possa até ser um pouco cético sobre esse assunto de mentalidade. Também teria essa ideia se não tivesse experimentando mudar de pensamentos.

No entanto, é um passo fundamental que você precisa dar. Vire a chave de mentalidade de escassez para mentalidade de abundância.

Como disse no capítulo 1, quando ainda frequentava a faculdade, boa parte de meus colegas estava empregada em grandes agências, e eu sequer conseguia ser chamado para uma entrevista. Sempre que um colega aparecia empregado, sentia como se minhas chances estivessem se esgotando. Afinal, em pouco tempo, não haveria mais nenhuma vaga disponível.

Então, decidi fazer exatamente o que pedirei que você faça. Comecei a desenhar alguns rabiscos em meu caderno, quase todos os dias fazia diversos traços inacabados. Certa vez, um amigo se aproximou e perguntou: "O que você tanto desenha?" Respondi: "Estou desenhando a logo de minha agência". Ele estranhou e questionou: "Qual agência?" Naquela hora, contei que estava planejando abrir minha própria agência. Em vez de me julgar, como achei que faria, ele me olhou, animado, e completou: "Quero trabalhar nela, então".

A mentalidade de abundância está voltada para a busca de oportunidades, acreditando sempre que o mundo está repleto das mais variadas possibilidades para se alcançar os objetivos.

Quando finalmente decidi pedir demissão e começar meu próprio negócio, depois de mais de quatro anos trabalhando como empregado, a mentalidade de abundância me ajudou a imaginar a imensa quantidade de clientes que estava me esperando.

Hoje, depois de atender centenas de empresas e treinar mais de mil alunos, estou certo de que isso não chega a fazer sombra ao que ainda é possível fazer.

Foi o que se passou com dois jovens que conheci, recentemente. Eles viveram mais de oito anos sob uma rotina religiosa dedicada a templos e trabalhos sociais, abrindo mão do convívio familiar e sem desenvolver nenhum tipo de habilidade profissional. Ao decidirem recomeçar a vida profissional, as pessoas os olhavam com um sentimento de compaixão. Afinal, como poderiam encontrar um emprego sem qualificação?

No entanto, os dois jovens desenvolveram uma mentalidade de abundância extremamente forte. Quando as empresas perguntavam "O que você sabe fazer?", sua resposta era "Não tenho experiências recentes, mas estou disposto a aprender".

Apesar de diversas respostas negativas, ambos continuaram acreditando que haveria uma oportunidade à espera. Poucos meses depois, um deles conseguiu uma vaga em uma escola de inglês, para realizar serviços de manutenção nas máquinas da empresa.

Em pouco tempo, ele se destacou e conseguiu galgar postos de confiança. Quando surgiu uma nova oportunidade, o jovem indicou o outro amigo, que demonstrou ter todas as habilidades para exercer o cargo com excelência.

Atualmente, os jovens trabalham juntos e conquistaram tudo o que, em suas mentes, conseguiam conceber.

Experimente tirar sua mente da modalidade "escassez" e comece a fazer um exercício de imaginação no qual as oportunidades em sua vida estão em total "abundância". Você não está na selva, brigando pelo almoço de amanhã, mas em uma floresta farta de peixes nos rios e frutas nas árvores.

Quando conseguir fazer isso, você estará pronto para ir para o próximo passo.

CAPÍTULO 5

O PRODUTO MAIS VALIOSO DE TODOS: SEU CONHECIMENTO

A INTERNET SE TORNOU UM CELEIRO DE NOVOS milionários, profissionais bem-sucedidos e empresas altamente lucrativas. Não são raros os casos de sucesso em que são envolvidos um conhecimento específico, um computador e um problema a ser resolvido. A rede conseguiu mudar não somente a maneira como as pessoas compram, mas como elas estudam e se capacitam profissionalmente. O mercado digital de treinamentos on-line cresce ano a ano e os cursos à distância estão na lista dos produtos mais vendidos pela internet.

Neste contexto, ter um negócio digital cuja matéria-prima é o compartilhamento de conhecimento mostra-se um empreendimento de excelente lucratividade.

Imagine criar um livro on-line (e-book) para compartilhar um conhecimento específico que você tenha e colocar o material à venda pela internet, faturando cerca de 10 mil reais por mês.

Talvez isso possa parecer bom demais para ser verdade. No entanto, essa tem sido a realidade de pessoas comuns que descobriram na internet uma grande oportunidade para elevar sua vida profissional.

Esse empacotamento e a venda de conhecimento são chamados de "infoprodutos" ou "produtos de informação". Um infoproduto consiste na criação de e-books, treinamentos em vídeo, palestras on-line, consultoria por Skype ou acesso exclusivo a comunidades no Facebook para troca de conhecimento especializado.

É uma característica do mercado de infoprodutos o envolvimento de um conhecimento específico, capaz de resolver um problema específico, para um público específico.

Como no caso da norte-americana Susan Garret, especialista no treinamento de cães. Seu primeiro produto digital foi um e-book em que dava dicas para fazer com que um cão fizesse um exercício de ziguezague. Ela começou a vender o e-book por cerca de 7 dólares. Após a primeira campanha de lançamento do produto, Susan faturou algo em torno de 25 mil dólares.

Esse é o mundo dos produtos de informação. Susan apenas organizou seu conhecimento em um e-book e o colocou à venda na internet. Não teve custo com entrega, não precisou de uma loja física, muito menos de vendedores.

Tudo aconteceu on-line.

Talvez você possa pensar: "Nossa, mas eu não sei escrever um livro".

Então, conheça a história de um jovem russo que conseguiu criar um negócio do zero, oferecendo seus conselhos.

Alexander Pisarev, com apenas 20 anos, participou de um treinamento on-line sobre criação de e-commerce. Pouco tempo após o curso, já estava com seu primeiro e-commerce funcionando. Contudo, ele percebeu a existência de um número considerável de pessoas que não conseguia colocar os projetos no ar, tendo a ideia de dar palestras em faculdades para discorrer sobre as oportunidades de criação de um negócio na internet.

Ao final da apresentação, Alexander ofereceu um programa de coaching em grupo, que foi comprado por cinco pessoas. Com isso, seu conhecimento passou a valer muito dinheiro. Ele incentivou diversos outros jovens a iniciar negócios on-line para venda de produtos digitais.

O conhecimento, a história ou a experiência de vida que você tem pode se transformar em um produto digital, como e-book, treinamento em vídeos, palestra on-line ou programa de coaching. O mercado de infoprodutos possui poucas barreiras de entrada, no que se refere à questão financeira. Talvez seja um de seus grandes benefícios. As ferramentas necessárias para criação, publicação e venda de produtos digitais são relativamente baratas e acessíveis. Com o acesso a elas, com assinaturas mensais de baixo custo, o início das atividades de publicação de produtos é facilitado.

Não são raros os casos de profissionais que investiram pouco mais de 100 dólares e conseguiram criar um negócio altamente lucrativo. O livro *A startup de 100 dólares*, de Chris Guillebeau, conta diversos casos de empreendedores que começaram com pouco dinheiro.

Outra grande vantagem da internet, para quem está começando no mercado de infoprodutos, é a questão do alcance de pessoas. Criar anúncios por meio de mídias sociais, como Facebook e LinkedIn, é algo bastante acessível para a grande maioria dos profissionais. O chamado CPM, ou custo por mil impressões, é muito baixo quando comparado a outros meios de comunicação. Com campanhas de 5 reais, é possível levar uma publicação sobre seu produto digital para um número considerável de pessoas.

Qualquer profissional pode ter um blog gratuito, utilizando uma plataforma aberta como o Wordpress, criar uma página gratuita no Facebook, ter um canal de vídeos gratuito no YouTube, uma conta no Twitter, uma loja para pagamentos on-line, como PayPal, BCash ou PagSeguro. Tudo a poucos cliques do mouse mais próximo. Há aproximadamente dez anos, era inimaginável pensar que qualquer pessoa pudesse criar e vender produtos por conta própria.

Feche os olhos e imagine que não exista a internet e você precisa comprar trinta segundos na TV aberta, para divulgar seu produto. Talvez você não saiba o custo de um vídeo de tal duração no horário nobre, e acho melhor continuar sem saber.

Em um passado recente, criar um website era algo extremamente caro e demorado, com projetos que chegavam a durar anos para ser finalizados. Agora, enquanto você está terminando de ler este capítulo, um site pode ter sido desenvolvido e colocado no ar.

Existem milhares e milhares de modelos prontos, esperando você inserir seu logotipo e seu conteúdo. Só isso. A facilidade para iniciar um negócio digital, com base em produtos de informação, permite que você possa começar, sem a necessidade de uma equipe. Você pode ser sua equipe.

Quando decidi me tornar um consultor em marketing digital, tudo o que tinha era um blog, livros e um celular.

Todos os dias, preparava artigos sobre o tema e, ao final de cada um, inseria uma chamada de ação: "Agora que você aprendeu _____, entre em contato para solicitar uma consultoria em marketing digital".

Ao receber o cadastro de um cliente interessado, entrava em contato para marcar uma reunião por Skype. Depois de fechar o contrato, iniciava as análises da empresa e apresentava um relatório de melhorias e atividades a ser implementadas.

Essa é a grande vantagem desse novo mundo, o complicado se torna muito simples e seu conhecimento passa a ser o principal ativo do negócio.

Já com uma quantidade considerável de clientes, decidi oferecer novos serviços, como criação de conteúdo e gestão de mídias sociais. Na época, minha esposa, Iaponira, passou a me ajudar, escrevendo artigos para os clientes. Foi quando decidimos crescer mais e passamos a contratar nossos primeiros funcionários.

Contudo, diferentemente de uma agência digital, em que existe a prestação de um serviço, o mercado de infoprodutos permite escala de vendas e crescimento sem a necessidade de uma equipe cada vez maior. É totalmente desproporcional a relação entre crescimento financeiro do negócio *versus* investimento em equipe. Isso se dá pois a lucratividade de um infoproduto é muito maior que a de um produto material, que passa por todas as fases da cadeia produtiva.

É um dos pontos altos do mercado de venda de conhecimento único. Um treinamento que ensina você a se transformar em um consultor de marketing digital pode ser vendido por 4 mil reais. Um curso em uma escola física profissionalizante talvez não chegue à metade desse valor. O motivo é a percepção de valor dos infoprodutos, que tende a ser superior à de muitas indústrias tradicionais. A diferença reside em todo o sistema de marketing envolvido em criação, publicação e venda desse produto.

O mercado tradicional de formação profissional, muitas vezes, não tem ativos práticos em sua grade curricular, fator que explica por que muitos alunos não conseguem ter bons resultados.

Responda a seguinte pergunta: Você prefere ter uma aula com um profissional que atua no mercado de consultoria em marketing digital, fatura milhões por ano com sua empresa e decidiu que vai compartilhar seu método de trabalho ou com alguém que não tem nenhuma experiência prática no assunto?

Qual dos dois gerou maior percepção de valor? Eis o que ocorre quando um profissional consegue se transformar em uma autoridade e a transfere para produtos digitais.

Aí está outro ponto forte do mercado de infoprodutos. O valor de seu produto não se baseia em seu preço puro, mas no quanto é gerado sobre esse conhecimento.

Há profissionais que vendem produtos de informação por 20 mil ou 50 mil reais.

Por que existem pessoas dispostas a fazer esse investimento? Tão somente porque perceberam valor naquele produto.

Diversos são os casos de pessoas que alcançaram seus objetivos profissionais depois de participarem de treinamentos on-line e é esse movimento circular que tem feito o mercado de infoprodutos crescer cada vez mais.

Funciona mais ou menos assim: profissionais se tornam referência em sua área de atuação, oferecem treinamentos, alunos se formam, passam a se tornar autoridades, oferecem treinamentos etc.

Seja como profissional da área de marketing digital, seja de qualquer outro campo, você pode se transformar em uma autoridade no ambiente digital, bastando usar as ferramentas corretas e seguir os passos indicados.

E o primeiro deles, mais que fundamental, consiste em transformar seu nome em uma autoridade. A partir do momento em que você sabe qual é o conhecimento que possui e o que pode ser ensinado, é essencial convencer seu público de que não há ninguém mais indicado do que você para fazê-lo.

CAPÍTULO 6

PASSO 1: SEJA UMA AUTORIDADE

TALVEZ VOCÊ AINDA NÃO TENHA PERCEBIDO que existem, em diversas áreas esportivas, divisões entre os atletas: os regulares, os reconhecidos e aqueles que são muito acima da média.

Caso, nesse momento, eu lhe pedisse para pensar em um jogador de tênis brasileiro, qual nome lhe viria à cabeça? E se fosse um jogador de futebol famoso? Ou, quem sabe, um lutador de MMA?

Acabei de citar pelo menos três categorias esportivas que envolvem centenas e milhares de atletas, nas quais apenas alguns poucos conseguem se manter no topo da pirâmide. A diferença entre estes e todos os demais atletas é uma só. Eles se transformaram em autoridades em suas áreas de atuação.

Se começasse a analisar por que isso aconteceu com cada um deles, poderia chegar a uma série de conclusões, o que não farei, pois para isso seria necessário um vasto material histórico. Quero, porém, chamar sua atenção para uma verdade da qual não se deve fugir. Existem pessoas que se tornam autoridades e outras que não o conseguem.

Um dos canais do YouTube que alcançou sucesso extraordinário na internet brasileira foi o "Não faz Sentido", de Felipe Neto. Que chances ele teria de se tornar tão conhecido se não houvesse uma plataforma como o YouTube?

No início de 2012, um jovem chamado Jefferson decidiu gravar um vídeo com sua mãe e sua irmã, sentados no sofá de sua casa. Com o violão nas mãos e um sorriso no rosto, ele gravou uma canção cujo nome era "Nos galhos secos". E, nos segundos finais, cantou com toda sua força um trecho da música "Para a nossa alegria".

O vídeo foi assistido milhares de vezes, o Brasil conheceu sua família e eles passaram a participar de diversos programas de televisão, realizando comerciais durante um período considerável.

Felipe Neto e Jefferson, em suas entrevistas, dizem quase o mesmo: "Eu não esperava que isso fosse acontecer, simplesmente aconteceu".

Exemplos como esses não são incomuns, existem diversas pessoas que ficaram famosas na internet sem nenhuma intenção. "Simplesmente aconteceu."

Agora, imagine como seria sua vida se aprendesse o caminho a seguir para usar a internet e transformar seu nome em uma autoridade em sua área de atuação?

Não estou dizendo que você vai aprender a ser uma celebridade, participando de comerciais em grandes redes de televisão (embora isso até possa acontecer). Falo, sim, sobre como em sua cidade, ou no país, poderá se tornar uma referência naquilo que faz.

A internet oferece uma série de ferramentas que você pode e deve utilizar para transformar seu nome em uma verdadeira autoridade. Tudo o que você precisa está a seu alcance. Ferramentas gratuitas para criação de blogs, mídias sociais, celulares com gravador de imagem e áudio, computadores com acesso a internet e softwares para edição de texto.

O blog, por exemplo, é uma ferramenta relativamente antiga, simples de operar, e que oferece uma possibilidade preciosa: a de compartilhar conteúdo, em áudio, vídeo ou texto. Quanto às mídias sociais, destacam-se Facebook, Twitter, YouTube, Slideshare, entre as principais.

Você pode estar se perguntando: "Natanael, que conteúdo eu devo escrever para me tornar uma autoridade?" A resposta é: você vai falar sobre aquilo que as pessoas querem saber.

Imagine a seguinte situação: você é o representante de um produto e está prestes a participar de uma importante reunião com um potencial comprador. Ele lhe deu apenas cinco minutos para fazer a apresentação e uma única oportunidade. Como você a prepararia? Acho que não seria uma situação tão simples.

Entretanto, suponha que você pegue seu computador, digite o nome de seu produto e, em alguns segundos, identifique cinco questões sobre ele. Você anota as perguntas e prepara sua apresentação para responder cada uma delas da melhor maneira possível. Então, entra na sala e inicia o trabalho:

"Hoje, quero falar sobre cinco benefícios de nosso produto e, para isso, vou responder cinco perguntas sobre ele e mostrar nossa solução."

O comprador fica impressionado, pois você apresentou exatamente aquilo que ele precisava saber. Parece incrível, não é?

A internet permite que você faça a mesma coisa, todos os dias. O Google possui ferramentas que o auxiliam a identificar que pesquisas os usuários estão realizando sobre seu produto/serviço ou área de atuação.

Logo, na próxima vez que você se perguntar "Sobre qual assunto devo falar?", a resposta será "Sobre o que as pessoas estão pesquisando".

Falaremos sobre esses instrumentos mais adiante.

Até aqui, você já deve ter percebido que tem acesso às ferramentas necessárias para levar sua carreira e seus negócios para outro nível, ao qual chamo de "ser autoridade". Você tem à disposição instrumentos capazes de identificar os problemas que as pessoas estão enfrentando, de criar algo para ajudar a solucionar o problema, além de, é claro, transformar essa solução em uma transação comercial.

Seja qual for a área de atuação ou o mercado específico, as pessoas enfrentam problemas para cumprir o que desejam e, com certeza, possuem dúvidas, e precisam de ajuda. Tudo o que você tem de fazer é identificar esses problemas ou dúvidas e usar seu conhecimento e sua experiência, ou história de vida, para criar soluções. Esse é o sistema que vai criar sua autoridade.

Pois bem, como você se estabelece como expert em algo?

Vou apresentar, agora, dois tipos de indivíduos que fazem parte do contexto do mercado digital.

Especialista, expert ou autoridade

É o profissional que utiliza a internet para construir uma imagem de perito em um mercado específico. Seu papel no mercado digital de infoprodutos consiste em ser o provedor de soluções, o indivíduo que ajudará os outros a resolver seus problemas. Essa solução poderá ser entregue em um livro digital, treinamentos em vídeo, arquivos em áudio, acompanhamento em grupos no Facebook, ou assinatura mensal, para receber artigos por e-mail.

É importante destacar que dentro de cada mercado existem subnichos que também são preenchidos por especialistas. Exemplo: no setor de marketing digital, há profissionais que se tornaram referência na utilização do Facebook para realizar vendas, outros, no ensino do uso do YouTube etc.

O especialista precisa definir a área de atuação na qual deseja construir sua autoridade. E esse é um segredo que poucas pessoas percebem.

Em vez de você tentar se tornar um especialista em marketing digital de maneira genérica, pode se transformar em um expert em ações de marketing digital para academias. Se alguém vier a pensar em marketing para academias, deverá se recordar de seu nome. Esse seria um exemplo de subnicho.

Evite entrar em concorrência com os profissionais que já estão posicionados em sua área, procure uma lacuna, uma brecha de mercado que possa ocupar.

Conheço uma jovem que decidiu se tornar referência na internet como chef de cozinha. Contudo, estava claro que ela ia enfrentar uma acirrada concorrência, afinal, centenas de pessoas o fazem e muitas disponibilizam o conteúdo de graça.

Foi quando lhe dei a sugestão anterior: encontre um subnicho.

Ela estudou o que havia de concorrência para o conteúdo que podia oferecer e enxergou uma possibilidade em que poderia atuar, criando um canal dedicado às recém-casadas. Culinária para recém-casadas é um bom exemplo de subnicho.

O que ela precisou fazer foi identificar os problemas das recém-casadas com o assunto e direcionar toda a comunicação para esse público.

Consegue perceber a diferença? Para você utilizar a internet a seu favor, não basta apenas começar a falar sobre sua área de atuação e esperar ficar famoso. Você tem de definir qual será seu posicionamento de especialista. Algumas pessoas não se consideram experts em seus setores profissionais. Muitos dizem: "Não tenho nem educação formal na área..."

No entanto, há um segundo grupo de pessoas que cria produtos de informação, sem a obrigação de ter uma especialização em uma faculdade ou um curso. São aquelas que passaram por algum tipo de experiência e conseguiram obter resultados satisfatórios, superando os obstáculos.

Pense no funcionário de uma empresa, que trabalha há muitos anos com vendas, nunca fez uma faculdade ou algo do tipo, mas desenvolveu habilidades na área.

Ele pode transformá-las em um produto de informação e ajudar outros vendedores a alcançar resultados parecidos.

No contexto dos infoprodutos, a qualificação não se trata de uma questão de títulos, mas da capacidade de mostrar os resultados alcançados pelo indivíduo que está apresentando a solução.

É a história do jovem russo que, em dado momento, mudou de apartamento, esquecendo-se de cancelar a assinatura da TV a cabo. As faturas chegavam até o endereço anterior e ele não se lembrava da dívida. Quando foi ao banco resolver os detalhes para o empréstimo que estava realizando, para a compra de uma nova casa, descobriu que seu nome estava em um tipo de serviço de proteção ao crédito, semelhante ao do Brasil.

Na Rússia, ainda que se pague uma dívida, o registro fica no nome da pessoa, como um histórico. Assim, aquele descuido o impedia de conseguir o empréstimo, uma vez que o banco não autorizava transações com clientes com histórico negativo. O jovem pesquisou na internet por dias, sem encontrar nada de relevante que resolvesse a situação. Até que, um dia, foi à biblioteca pública e encontrou uma possibilidade de resolver o problema em um livro de legislação. Começou a seguir todo o procedimento e, em pouco tempo, conseguiu retirar o histórico negativo e obter a aprovação do crédito.

Depois de ter seu problema resolvido, o jovem pensou que, como ele, muita gente devia ter dificuldade para encontrar informações na internet que, de fato, podiam ajudar. A partir daí, elaborou um e-book que ensinava aos outros o procedimento que aprendeu e aplicou para resolver o problema citado.

Ele o colocou à venda e, em pouco tempo, alcançou sucesso absoluto. Com o faturamento das vendas, resolveu pedir demissão do emprego e se dedicar apenas à venda de seu infoproduto. Passou, então, a criar outros produtos e abriu a própria empresa digital.

Eis um bom exemplo de pessoa que enfrenta um tipo de situação desfavorável, consegue resolvê-lo e, então, cria um negócio digital com a solução.

Imagine que você tenha um negócio no qual ajude as pessoas a resolver problemas com seu conhecimento e ainda seja muito bem pago por isso.

É o que nos leva ao outro lado do mercado de infoprodutos.

Público-alvo

Quando você toma a decisão de se tornar um especialista em determinada área ou subnicho, é fundamental descrever quem será seu público-alvo. Nesse contexto, ele representa as pessoas que você vai estudar para identificar os problemas e criar soluções.

No exemplo do jovem russo, o público-alvo era formado por aqueles que tiveram, em dado momento, algum problema financeiro e precisavam limpar esse histórico para recuperar o crédito nos bancos. Repare que ele estava oferecendo uma solução específica para um problema específico a um público específico.

Logo, você precisa descrever com riqueza de detalhes quem é o público com o qual vai trabalhar. E aqui está o grande segredo desse mercado. Você escolhe o público e se posiciona para criar uma conexão com ele.

Suponha um cenário geral de pessoas que precisam ter uma renda melhor, no Brasil, ou seja, ganhar mais dinheiro. É muita gente, não é verdade? Vamos começar a segmentar esse público.

Pontos fundamentais de análise:

GÊNERO:

É fundamental que você defina qual o gênero predominante de sua audiência. É provável que você tenha em certo ponto a atenção de ambos, porém, precisa ter em mente quem é predominante.

Na sociedade atual, homens e mulheres pensam e consomem de formas diferentes, por isso é importante que sua mensagem atenda aos critérios de personalização.

LOCALIZAÇÃO:

Onde essas pessoas moram? Qual a cidade? Que cultura se relaciona com sua área de atuação nesses locais?

Existem mercados que se comportam de maneira completamente diferente, de acordo com sua região, por isso é importante ficar atento aos detalhes geográficos do seu público.

DESEJOS:

É importante ficar atento aos desejos de cada público. O que esperam? Quais seus sonhos? O que, secretamente, querem?

Uma pessoa pode falar: "Gostaria de ter um emprego que me pagasse um salário melhor". No entanto, seu desejo real está na conquista do respeito de familiares e amigos, na possibilidade de programar viagens de férias, trocar de carro, frequentar melhores restaurantes.

Percebe a diferença entre o que as pessoas querem e o que elas desejam?

Descobrindo o que deseja seu público, a mensagem tem um impacto muito maior.

MEDOS:

Descobrir quais são os medos e as preocupações de sua audiência é um ponto obrigatório. Afinal, tudo se relaciona com o problema que você ajudará a resolver.

Destaque os medos que conseguir perceber em seu público e fale sobre eles, como se relacionam com a solução a oferecer. As pessoas tendem a prestar mais atenção quando se fala sobre algo que temem.

TRANSFORMAÇÃO:

Esse é um ponto importante, a ser trabalhado sempre com muito cuidado. Qual seria a transformação perfeita para seu público? Na história do russo, qual foi a promessa de transformação ideal?

Exemplo:

Aprender a remover o histórico negativo em um banco em quatro semanas.

Qual o problema? Histórico negativo.

Qual o desejo? Remover o nome para ter crédito no banco. E, desse modo, obter casa nova, aprovação da família e dos amigos.

Qual o medo? Vergonha pela não aprovação do banco. Constrangimento diante de amigos e familiares. Não conseguir levar a família para uma casa nova.

Transformação: em quatro semanas, ter o nome sem registro negativo, conseguir o crédito aprovado e começar a sonhar com uma casa nova.

Não importa se você quer se tornar uma autoridade em sua área de atuação com o próprio negócio ou na empresa em que trabalha. Você precisa parar e analisar seu público. Quais os desejos, medos, sonhos. Conectar sua mensagem pensando nesses pontos e gravar sua mensagem na mente das pessoas, como um chiclete.

Se você está lendo este livro, deve ter sonhos, desejos, medos. Talvez até não saiba disso, mas esses sentimentos são que o fazem tomar a maioria das decisões.

Abordaremos o tema nas próximas páginas.

CAPÍTULO 7

PASSO 2: CONSTRUA SUA AUDIÊNCIA

AGORA QUE VOCÊ SABE QUE PRECISA SE transformar em uma autoridade, para um público específico definido, neste capítulo aprenderá a criar sua audiência.

Como atrair a atenção de pessoas interessadas em sua mensagem

De início, você precisa ter uma base on-line, um local para entregar seu conteúdo, um domínio que as pessoas possam acessar e consumir suas informações e seus produtos. Se você está começando do mais absoluto zero, pode optar por um blog gratuito, na plataforma

Wordpress.* Basta digitar, no Google: "Wordpress blog gratuito". Confie em mim!

Você fará seu cadastro e passará a ter um domínio wordpress.org – algo como joaoalberto.wordpress.org. Esse domínio estará oficialmente no servidor da plataforma, o que significa que todos os arquivos afins também estarão.

Por ser um domínio gratuito, há uma série de limitações com relação aos aspectos visuais e de configurações. Esse, porém, é o passo inicial para você já começar a publicar seu conteúdo. Se decidir ter o próprio domínio e contratar um servidor particular, precisará executar algumas tarefas técnicas para que seu site/blog seja publicado. Acesse a página: www.expertemvendasonline.com.br/wordpress e assista este guia.

Com o seu blog no ar, você precisará criar uma linha editorial, ou seja, definir quais assuntos vai escrever e publicar. Os conteúdos devem ser definidos de acordo com o perfil do público-alvo identificado no capítulo anterior.

- Quais as principais dúvidas de meu público?
- Que medos que eles têm?
- O que desejam?

Ao iniciar meu primeiro blog, o objetivo principal era ensinar aos leitores como vender seus produtos/serviços pela internet.

---

* É costume editorial não citar marcas, em geral, nos livros. Contudo, abrimos uma exceção para as sugestões deste livro, uma vez que os serviços indicados são líderes de mercado e referências para o empreendedorismo digital. A Editora Gente, com isso, não tem a intenção de fazer nenhum tipo de propaganda de marcas. (N. E.)

Comecei escrevendo artigos como esse:

Por que sua empresa precisa de um website?
Confira cinco motivos.

Nele, apresentava dados que motivavam o leitor a ter um website para sua empresa. Falava sobre os benefícios, as características de um site capaz de gerar vendas e dava dicas de como começar o primeiro website.

Qual era o ponto principal do artigo?

Os empresários sempre querem aumentar as vendas e, para isso, buscam soluções na internet para alcançar os resultados.

Logo, nesse conteúdo falo sobre desejo, medo, sonhos.

O caminho mental que é feito, durante o conteúdo, conduz a audiência para afirmações como estas:

- "Talvez você não esteja conseguindo ter bons resultados na internet."
- "É provável que esteja cometendo o erro de não ter um website profissional."
- "Esse erro pode prejudicar diretamente suas vendas on-line."
- "Vou apresentar cinco boas razões para sua empresa criar um site profissional."
- "Você será capaz de ser encontrado pelo público, automatizar as vendas e aumentar o faturamento."

Esse é o tipo de conteúdo que as pessoas procuram na internet. Aqueles que resolvam problemas, que mostrem um caminho a seguir. Quando você for criar sua sequência de conteúdo, certifique-se de que as informações tenham uma mensagem com esses elementos.

No próximo capítulo, vou me dedicar a apresentar um passo a passo sobre como você pode obter visitas gratuitas, por meio do Google, fazendo com que pessoas que pesquisam por um termo encontrem seu site. Parece interessante, não?

Contudo, esse tipo de audiência não deve ser a preocupação principal de seu novo negócio digital. A construção da audiência deve priorizar a coleta constante de e-mails de pessoas interessadas em seu produto/serviço/conteúdo.

Empacotamento de conteúdo

Uma das maneiras mais eficientes de construir uma lista de e-mails consiste em criar conteúdos estrategicamente direcionados para ajudar a resolver um problema específico. Esse empacotamento de conteúdo é conhecido como "ímãs digitais". Eles funcionam como uma espécie de moeda de troca: você me dá seu e-mail e eu lhe entrego o ímã. Esse ímã precisa ser construído de maneira que atraia o público com o qual você deseja se relacionar.

Exemplo:

Uma escola de inglês on-line quer atrair pessoas interessadas em aprender o idioma por causa do trabalho.

e-book:

Guia prático – Inglês para entrevista de emprego – Aprenda a passar por uma entrevista de emprego em inglês sem passar vergonha.

Esse material seria disponibilizado em uma página, na qual haveria a mensagem sobre o produto e um campo para a inserção do e-mail.

Essa página é chamada de "página de captura". Os interessados no material inserirão o e-mail para ter acesso ao guia.

Essa é a maneira mais eficiente de construir uma lista de e-mails.

Algumas orientações sobre como construir o ímã digital:

- **CERTIFIQUE-SE DE QUE ESSE MATERIAL É UMA SOLUÇÃO ESPECÍFICA PARA UM PROBLEMA ESPECÍFICO**

Alguns sites se limitam a oferecer "conteúdo exclusivo" para seus visitantes. Imagine que você entrou em um site e lá existe um campo com a seguinte mensagem: "Faça seu cadastro para receber conteúdo exclusivo".

Agora, suponha que, em vez desse texto, existisse algo como: "PDF gratuito: guia para escrever um artigo para seu blog em uma hora ou menos. Faça seu download agora".

Percebeu a diferença? Se você estivesse falando com um público com dificuldade de escrever, o material iria ajudar a resolver o problema.

- **TENHA UMA SUPERPROMESSA**

Se você oferecer qualquer coisa para o público, dificilmente ele prestará atenção.

Aprenda a criar promessas fortes, algo diretamente ligado com a transformação que seu

> público deseja. Você entra em meu blog e, na página inicial, encontra o seguinte texto: "Treinamento gratuito: aprenda a transformar seu nome em uma autoridade e crie um negócio digital do zero com seu conhecimento". Isso chama sua atenção? É provável que sim.

Ofereça conteúdo de excelência

Ao entregar um conteúdo gratuito de excelente qualidade para seu público, três coisas vão acontecer, certamente:

1) **VOCÊ SE TORNARÁ UMA AUTORIDADE NAQUELE TÓPICO.**

   As pessoas que tiverem acesso ao material e nele perceberem valor e informações preciosas, de imediato, vão enxergá-lo como uma autoridade no assunto.

2) **AS PESSOAS VÃO LHE AGRADECER.**

   Um poderoso sentimento será despertado nelas: a reciprocidade. Seu público ficará extremamente grato por você ter liberado um conteúdo tão valioso.

3) **VOCÊ CONSTRUIRÁ UMA QUALIFICADA LISTA DE E-MAILS.**

   À medida que as pessoas entrarem em seu site e, gratuitamente, levarem seu ímã, deixarão

> seus endereços de e-mail com você. Logo, você terá uma clara autorização para se comunicar outra vez com elas.

Como criar seu primeiro ímã digital?

O conceito de ímã tem relação com o poder de atração do que você vai disponibilizar para seu público. Assim como um ímã atrai o metal que está próximo, seu conteúdo deve ter o poder de atrair os interessados naquele tópico.

Agora, veja os passos a ser seguidos para criar o primeiro ímã.

Você deve ter seu público bem definido: sonhos, medos e desejos listados, assim como as principais palavras que representam a transformação desejada por ele.

Existem algumas ferramentas que poderá utilizar para montar esse cenário:

O planejador de palavras-chaves do Google, por exemplo, é um instrumento de identificação de termos relevantes para a criação de um ímã. Para ter acesso ao guia de uso vá até www.expertemvendasonline.com.br/planejadorgoogle.

Há outras ferramentas, tais como o SEMRush, que permite analisar como outros sites de seu segmento estão recebendo visitas por meio do Google. Você será capaz de descobrir que artigos dos sites de sua área de atuação estão alcançando bons resultados. Será uma ótima referência para que você saiba o que está dando certo e, claro, criar algo ainda melhor para seu público.

Acesse o link http://www.marketingcomdigital.com.br/guia-semrush para saber como utilizar a ferramenta.

O Twitter Search é um campo de pesquisa do Twitter em que você poderá inserir palavras-chaves relacionadas com sua área de atuação, como uma maneira de analisar aquilo que o público está falando sobre seu tema.

Utilize a busca do Facebook e procure por grupos que tratem de sua área de atuação. Muitos deles interagem diariamente, com dúvidas e o compartilhamento de dificuldades dentro de setores específicos. Ficar atento ao que é dito nesses grupos pode ser uma ótima fonte de pesquisa para a criação do ímã.

Quando comecei a escrever artigos em meu blog sobre otimização de sites, percebi que a grande maioria das pessoas sequer sabia o básico sobre o assunto.

Foi então que decidi criar um e-book tratando o tema SEO como algo estratégico, mas não puramente técnico. Como resultado, consegui criar uma audiência não somente de profissionais da área em começo de carreira e que não tinham conhecimento sobre o assunto, mas também de diversos empresários com interesse no uso das técnicas para o site de suas empresas. A linguagem clara e simples permitiu atrair um público iniciante, meu exato objetivo.

Uma solução específica, para um público específico: o mantra do marketing digital.

Na construção de seu ímã digital, há alguns elementos obrigatórios para que você consiga alcançar os resultados que deseja. Um dos principais consiste na criação de um material extremamente específico para um público específico.

Recentemente, orientei a dona de uma padaria, chamada Rosana, na criação de seu ímã digital. Vou usar esse exemplo para explicar o conceito de especificidade.

O objetivo de Rosana era utilizar a internet para aumentar as vendas do seu kit para festas. Esse seria o produto principal.

Fiz algumas perguntas, como: "Esse kit é para que tipo de evento?" e a resposta foi: "Aniversários, batismos, chás de bebê etc."

Quando você vai definir o ímã, precisa pensar em um público específico. No caso de Rosana, sugeri o público interessado em chás de bebê. Após a definição do público, partimos para a criação do ímã.

Segui com mais algumas perguntas, como: "Qual o maior problema que você ajuda a resolver quando vende o kit?" e a resposta foi: "A grande maioria das pessoas não tem tempo para organizar esses eventos como gostaria e sempre fica em dúvida quanto à quantidade de comida ideal e à escolha das opções".

A criação do ímã precisa ser acompanhada de uma grande promessa ou de um benefício percebido pelo público. Com base nesse princípio, entendemos que um ótimo ímã seria uma checklist com quinze verificações que as pessoas deveriam fazer, antes de realizar um chá de bebê.

O material escolhido foi um PDF, que seria diagramado e entregue em formato de checklist, com campos laterais para que os visitantes pudessem fazer o download, imprimir e seguir as orientações. Em cada verificação, uma dica da melhor forma de organizar o chá de bebê.

Após a criação do ímã, a segunda etapa consistiu na criação de uma landing page (página de pouso), na qual o material seria baixado gratuitamente, após o cadastro do e-mail. Eis o grande benefício do ímã para a padaria. As pessoas que realizam o download tratando do tema chá de bebê estão precisando de ajuda no assunto, isto é, estão prestes a realizar o evento e querem ferramentas para melhorá-lo. A partir do instante em que a padaria disponibiliza o material, consegue integrar três ações fundamentais:

- Entrega conteúdo de valor para as pessoas (transforma seu nome em uma autoridade naquele segmento).
- Constrói uma lista de possíveis clientes com base em seu interesse.
- Tem a oportunidade de fazer uma oferta para um público altamente qualificado.

Imagine que você é responsável por um chá de bebê e encontra um anúncio ou artigo na internet com dicas preciosas de como organizar esse evento. Após o download gratuito do material, você descobre que aquela padaria possui kits que podem resolver o problema.

Quais são as chances de você contratar essa empresa?

A padaria é a mesma, o kit pode até ser o mesmo. Contudo, a mente de um cliente que está organizando um chá de bebê é muito diferente da de outro que está organizando um batismo ou aniversário.

Eis o ponto principal de um ímã digital: atrair pessoas com problemas específicos para que conheçam sua solução específica. Para construir sua audiência, você precisa mostrar para seu público que você existe. A melhor forma de fazer isso é construir uma autoridade à medida que se constrói uma audiência.

A construção de seu ímã é o passo inicial ideal. Concentre-se em resolver problemas específicos, visando ter uma lista de pessoas interessadas em sua oferta específica. As pessoas adoram especialistas, e é provável que você também se sinta mais confortável confiando em um especialista, porque conta que ele poderá ajudar a resolver o seu problema.

Para usar a internet a seu favor, crie uma imagem de especialista, resolvendo problemas específicos. Você não precisa falar sobre todos os assuntos de sua área, escolha o ponto nevrálgico de seu público e, então, invista na construção de sua autoridade e na criação de sua audiência.

CAPÍTULO 8

PASSO 3: AS QUATRO ETAPAS DA OTIMIZAÇÃO

AS BUSCAS JÁ ESTÃO INTEGRADAS EM NOSSA sociedade, isso é um fato. A popularização da internet e os avanços tecnológicos potencializaram esse comportamento, característico do ser humano, até há pouco tempo restrito a ferramentas mais lentas que as atuais.

Assim como tem a característica de um ser social, de um indivíduo que em sua natureza tende a se relacionar com os outros e a criar laços sociais, o homem, desde os primórdios, tem na busca um comportamento intuitivo de sobrevivência.

Hoje, conseguimos obter informações em poucos segundos. Uma realidade totalmente diferente daquela em que vivíamos, há pouco mais de uma década, quando a internet não era tão "rápida", os computadores não eram tão acessíveis e os mecanismos de busca não eram tão eficientes.

O comportamento de busca do ser humano antecede a internet e a atual era digital. Na pré-história, o homem tinha suas necessidades, precisava caçar, explorar diferentes territórios, buscar seu sustento.

Naquela época, as ferramentas não eram digitais, pelo contrário, eram produzidas manualmente. Contudo, a ideia de busca por informações e soluções já existia.

Alguns séculos depois, enfrentávamos escassez de informação, não por falta delas, mas pela dificuldade de encontrá-las.

Um simples trabalho escolar exigia uma ida à biblioteca em busca daquele livro ou daquela enciclopédia que, muitas vezes, já estava desgastado com o tempo ou não tinha sequer um índice. Mais um obstáculo para encontrar simples respostas.

Com o passar dos anos, surgiram os primeiros mecanismos de busca, cuja eficácia não era das melhores. Somados à lentidão da internet discada da época, os usuários tinham uma péssima experiência com a busca.

A busca por informação começava a se tornar algo mais prático e somente com a chegada da internet de banda larga, anos mais tarde, e a eficiência dos algoritmos do Google foi possível uma popularização do serviço.

Os internautas realizam consultas a todo instante e os sites e conteúdos encontrados a partir daí possuem grande valor para os usuários. Por esse motivo, estar bem posicionado nos mecanismos de busca tem se tornado cada vez mais importante.

Uma informação obtida por meio dos mecanismos de busca, como Google, Bing e Yahoo, orienta os usuários no processo de decisão de compra de um produto, auxilia na conclusão de trabalhos escolares e acadêmicos e, claro, esclarece dúvidas a respeito dos mais diversos assuntos.

Ao contrário do que acontecia há alguns anos, com a dificuldade de obtenção de informações, a realidade atual é bem diferente, e o desafio não está no encontro das informações, uma vez que existe um número grandioso de conteúdo na web, e sim na descoberta de um conteúdo que seja, de fato, útil e relevante.

O paradoxo da escolha dizia respeito a essa realidade, quando prognosticou que "quanto maior é a quantidade de opções, mais difícil será o processo de escolha".

Ou seja, a internet que temos disponível permite que se encontre uma infinidade de conteúdos. No entanto, na ausência de um filtro, o processo de escolha se torna extremamente complexo.

O social e a busca, nos dias de hoje

Na atual era da busca, mecanismos como Google, Bing e Yahoo são tidos como verdadeiros "oráculos digitais". Eles ampliam o alcance e a penetração da informação em nosso dia a dia, potencializando nossa capacidade de aprender e compartilhar informações.

O ser humano, como um pesquisador natural, tem como objetivo principal na busca encontrar informações que sejam relevantes e apresentem respostas eficientes. Nesse contexto, uma simples pesquisa pode conter diversas intenções e assumir várias formas.

Isso significa que, para a criação de uma estratégia eficiente de posicionamento nos mecanismos de busca, faz-se necessário antes entender a mente do público-alvo. Com essa compreensão psicológica acerca do mercado, as chances de atingir o público-alvo são bem maiores. Para facilitar a compreensão desse tópico, sugiro a realização de um pequeno exercício. Para isso, responda às seguintes perguntas:

1) Que público-alvo você pretende atingir na web?
2) Quais as principais palavras que representam seu negócio?
3) Que conteúdo seu público-alvo consome na internet?
4) Que sites seu público frequenta?

É importante que você absorva o máximo de conhecimento sobre seu ambiente digital. Entender o contexto histórico e o comportamento de seu usuário, ajudará você a encontrar oportunidades, definir estratégias e, principalmente, identificar a maneira mais assertiva de impactar seu consumidor.

De acordo com o site Alexa (serviço de mensuração de tráfego na web, da Amazon), o Facebook é o site mais acessado do Brasil, seguido pelo Google Search. É importante ressaltar que, até o primeiro semestre de 2012, o Google estava posicionado em primeiro lugar no ranking, sendo superado pelo Facebook no segundo semestre, reflexo do crescimento da rede social no Brasil.

A busca e o social fazem parte da vida das pessoas, comportamento recorrente, seja por meio das ferramentas digitais ou não. Entendendo essa característica, as estratégias dentro do ambiente on-line devem impactar de maneira eficiente os consumidores, tanto no contexto social como na busca.

Por esse motivo, integrar as ações pensando no Social + Busca é muito importante no sucesso de um negócio digital. Atualmente, no Brasil, 98% do mercado de busca é pertencente ao Google, e todos os internautas, em algum momento, já realizaram uma ou mais consultas nos mecanismos existentes. Dessa forma, entendemos o Social (redes sociais) e a Busca (Google) como as duas atividades básicas dos usuários na internet.

SEO na prática

A sigla SEO abrevia search engine optimization ou otimização para os mecanismos de busca. Podemos definir SEO como a utilização de técnicas que visam melhorar o posicionamento nos resultados de pesquisas dos principais buscadores, como Google, Bing e Yahoo.

Pesquisas revelam que 90% dos usuários da web fazem pesquisa por produtos e serviços na internet, antes de realizar uma compra. Pense que sua empresa pode estar perdendo boas oportunidades de negócios por não estar presente nesse momento da busca.

A busca orgânica consiste nas visitas de origem dos mecanismos em que não há um valor pago por clique recebido, como no caso dos links patrocinados.

Esse conceito básico discorre um pouco sobre o significado de SEO. No entanto, é importante ressaltar que SEO consiste em um conceito mais amplo, dificilmente resumido em apenas um capítulo.

Para falar sobre SEO, precisamos abordar outro ponto muito importante dentro da otimização, que são os objetivos de busca do ser humano. Ou seja, uma vez que a utilização das técnicas de SEO visa um bom posicionamento nos mecanismos de busca, faz-se necessário entender os objetivos dos usuários no momento da consulta, para que a estratégia de otimização possa ser utilizada de maneira correta.

As técnicas de SEO já passaram por uma série de modificações ao longo dos anos, com muitas das atividades antes realizadas entrando em desuso, como o cadastro de sites em diretórios. À medida que os mecanismos de busca, em especial o Google, apresentam alterações em seus algoritmos ou alguma novidade, é preciso que se cumpra todas as diretrizes de qualidade.

Quando o assunto são os princípios da otimização, pouca coisa mudou. Aqueles que conduzem a busca se mantiveram praticamente inalterados, como no caso da psicologia do SEO. Entender a necessidade dos usuários no momento da busca, isto é, compreender as respostas que o usuário está buscando, a solução que ele procura para seu problema ou até os produtos nos quais está interessado é um dos primeiros passos no trabalho do SEO.

Experimente formular essas necessidades e liste em uma sequência de palavras-chaves. Segundo a comScore (2009), a grande maioria das pessoas formula suas pesquisas utilizando três palavras-chaves.

Agora que você já entende um pouco mais sobre os conceitos do termo SEO, posso falar de algumas características sobre o trabalho de otimização. Por diversas vezes, você vai escutar ou ler em algum momento frases como "O conteúdo é rei", o que é uma grande verdade. Antes de abordar o conteúdo, gostaria de me prender um pouco mais sobre a base do conteúdo: o texto. E, para isso, preciso falar das palavras-chaves.

As keywords devem ser muito bem pesquisadas e aplicadas dentro de um conteúdo. Antes da produção de um conteúdo, é necessária uma pesquisa a fim de descobrir quais palavras-chaves os usuários utilizam no momento da busca.

Com essa pesquisa, além de descobrir os termos que provavelmente trarão um tráfego de qualidade, será possível uma tentativa de percepção acerca das intenções dos usuários em determinadas consultas.

É importante entender que palavras-chaves de qualidade geram visitas de qualidade, isto é, somente utilizar as palavras corretas não representa nenhuma garantia de bom posicionamento, é preciso bem mais que palavras-chaves relevantes, o conteúdo precisa ser único e incrivelmente valioso.

Vale ressaltar que a utilização das técnicas de SEO jamais deve ser compreendida ou comercializada com a garantia de "primeiro lugar no Google". Muitas propagandas são vistas na internet com a promessa de "primeira página do Google em um mês". Muito cuidado com isso. São ciladas.

Com a devida compreensão dos conceitos e benefícios das técnicas de SEO, passamos para o funcionamento dos mecanismos de busca e a vida de uma pesquisa.

A vida de uma pesquisa

Um mecanismo de busca possui basicamente quatro componentes: rastrear, indexar, ranquear e apresentar os resultados.

O primeiro consiste em coletar informações sobre as páginas presentes na web. No Google, esse software, chamado de Googlebot, é responsável por "saltar" de um link para outro, juntando as URLS rastreadas e o conteúdo existente em cada uma delas.

A etapa seguinte é a separação do conteúdo, que será dividido em listas a ser utilizadas em consultas futuras. O processo é chamado de indexação.

Depois disso, o Google utiliza seus algoritmos para definir uma categoria para cada página, de acordo com sua relevância. Bem no início de seu serviço de busca, o Google tinha o Pagerank como seu "ingrediente secreto".

No livro *Estou com sorte*, de Doug Edwards (primeiro gestor de marca do Google e criador da nomenclatura "Google Adwords"), é feita uma narrativa acerca da explicação do processo de rastreamento, indexação e apresentação dos resultados do Google.

Sua apresentação foi feita por Craig Silverteins, funcionário do Google que, entre suas funções, era responsável pelo projeto interno Google 7, conhecido como "Busca para não iniciados", uma espécie de exposição da empresa para novos funcionários. De acordo com Craig, o Pagerank verifica todas as páginas da web, em seguida atribui um valor para cada uma delas, valor esse definido pela quantidade de links que a página recebeu. Isso significa que uma página se torna mais confiável à medida que recebe uma quantidade maior de links.

Na segunda parte da receita, o Google vai determinar quais os resultados mais relevantes para a consulta realizada por um usuário. Em 1999, ano em que Craig fez a apresentação para Doug Edwards, a maioria dos concorrentes do Google utilizava apenas fatores primários para identificar a relevância de um site, como quantas vezes uma palavra constava na página.

Ao contrário dos concorrentes, o Google avaliava outros fatores. Por exemplo:

- Como o site utilizava os termos em sua página.
- Título da página.
- Palavra-chave na URL.
- Texto em negrito ou itálico.
- Texto-âncora em páginas internas e externas.
- Autoridade dos links que apontavam para a página.

Nesse cenário, a análise de um link tem um peso muito alto, e as palavras em um link que apontam para uma página são chamadas de texto-âncora.

Logo que é feita a definição da ordem das páginas que serão exibidas, é preciso submeter os resultados aos usuários que realizam uma consulta.

Entra em cena o "GWS" (Google Web Server) ou Gwiss, o software que faz a interação com os usuários quando realizam uma consulta.

Com o passar dos anos, o Google gradativamente implementou novas diretrizes de qualidade para seu serviço de busca, nas quais o combate ao spam é um dos grandes desafios da equipe responsável.

O Pagerank, que até então era o grande diferencial do Google, começou a enfrentar dificuldades, consequência das práticas conhecidas como "compra de links" e "fazenda de links". O Trustrank entrou em cena para avaliar a qualidade desses links.

Faremos nesse momento uma breve revisão das quatro principais funções dos mecanismos de busca: rastrear, indexar, ranquear e apresentar os resultados.

O **rastreamento**, ou varredura por links e páginas, é o primeiro passo da atuação dos motores de busca. Nele, é feito um verdadeiro "scan", por meio da web. As estruturas de links dentro da web permitem que os motores de busca identifiquem a ligação entre milhares de páginas na internet.

Os motores, chamados de spiders ou crawlers, fazem a compilação de inúmeros documentos que estão interligados na internet. Após esse trabalho de varredura, o próximo trabalho do motor de busca será analisar o código do site para, em seguida, fazer o armazenamento de todo aquele conteúdo.

Vale ressaltar que há uma diferença entre o conteúdo real e o conteúdo de navegação, dentro de um site, sendo o conteúdo real composto pelas informações presentes no site em forma de texto, foto etc.

Já o conteúdo de navegação pode ser compreendido como os links presentes no menu, como "Home", "A empresa", "Contato". Esse conteúdo vai informar para os mecanismos de busca a estrutura de links de seu site.

Todo esse conteúdo será indexado ao banco de dados do Google, para que, no exato momento em que ocorra uma consulta relacionada a ele, essas informações sejam utilizadas.

Uma vez que todo esse imenso conteúdo esteja rastreado e indexado pelo motor de busca, o próximo passo será criar um ranking para cada link, ou seja, uma avaliação de relevância e autoridade para cada URL.

É importante destacar a missão dos mecanismos em apresentar um conteúdo relevante no momento da pesquisa. Nesse cenário, a página que alcançar a melhor "pontuação", conquistará a primeira página do Google.

Estar bem posicionado nos mecanismos de busca influencia não somente na percepção de marca, mas, principalmente, no aumento das receitas de uma empresa, seja ela B2B (Businnes to Businnes) seja B2C (Business to Consumer).

Utilizar o marketing de busca como estratégia para gerar negócios na internet tem se tornado uma realidade para empresas de diversos portes e segmentos.

Uma pesquisa apresentada pela Webmarketing123, em agosto de 2012, mostrou as técnicas de SEO como um dos canais de marketing digital de maior impacto na geração de leads, isto é, pessoas realmente interessadas em adquirir um produto ou serviço de determinada empresa.

As técnicas de SEO devem ser percebidas como estratégias para aumentar o tráfego qualificado de um site, ou seja, atrair pessoas que estão realizando uma busca durante o processo de decisão de compra, no qual as chances de conversão são bem maiores.

De acordo com os dados da pesquisa, 59% das empresas votaram nas técnicas de SEO como o canal mais efetivo para geração de leads, com as mídias sociais aparecendo em segundo lugar, com 21%. Já 49% dos profissionais de marketing para B2C destacaram o SEO como a ferramenta mais assertiva na prospecção de novos clientes, a partir dos leads (pedidos de orçamento) recebidos.

As ferramentas CPC obtiveram 26% da preferência desses profissionais, seguido pelas mídias sociais, com 25%.

Quando comparamos esses números em relação a 2011, observamos algumas mudanças bem significativas. Afinal, considerando os números da pesquisa, 20% a mais das empresas B2C começaram a identificar o SEO como uma ferramenta realmente eficiente em sua missão de gerar leads.

Outro dado relevante diz respeito ao aumento de 50% nos profissionais B2B que consideraram as mídias sociais ferramentas eficazes para geração de leads.

Quando o assunto é o grau de interação entre a busca e o off-line, notamos dados relevantes para uma análise mais aprofundada acerca das estratégias para integrar a busca com a compra na loja física.

Ainda em 2007, uma pesquisa realizada pela Webvisible e a Nielsen indicou que 74% dos usuários utilizaram os mecanismos de busca para levantar informações sobre comércios locais, enquanto 86% dos usuários afirmaram já ter feito uso da internet para encontrar comércios em suas cidades.

Um dado muito importante diz respeito à efetivação da compra na loja física, com 80% dos usuários afirmando a utilização dos mecanismos de busca antes de realizar uma compra no ambiente off-line.

A busca e o social são percebidos como ferramentas capazes de gerar negócios pela internet, apesar de ainda existir um vasto caminho a ser percorrido nesse sentido. Grande parte dos usuários se limita aos resultados apresentados na primeira página. Logo, os sites que não são listados na primeira página tendem a perder uma quantidade significativa de visitantes. Ao criar um plano de SEO, o objetivo é aumentar a visibilidade de um site, atraindo um público qualificado e gerando negócios para a empresa pela web.

Use as quatro funções dos mecanismos de busca para posicionar seu site no Google e aumentar as vendas

A primeira etapa para que você possa ter resultados reais com o Google consiste em entender como ele funciona. Embora já tenhamos falado sobre o processo de indexação como um todo, você precisa ficar sempre atento às atualizações constantes dos algoritmos do Google.

De modo geral, toda preocupação do Google está direcionada para a experiência do próprio usuário. Então, se você entrar no mesmo barco do Google, dificilmente verá seu site ser atingido por algum algoritmo que o leve (o site) a lugares inadequados ou errados.

Não são poucos os casos de pessoas que tentam manipular o Google e acabam se dando muito mal. É um caminho que recomendo com convicção que você não tenha sequer o interesse de passar por perto.

Voltando para a experiência do usuário. Se você criou um blog/site e está sério em sua decisão de conseguir visitantes na busca orgânica do Google, precisa cuidar das pessoas que o acessam. Basta fazer uma pequena reflexão sobre sua própria navegação em outros sites.

Veja algumas situações reais:

- Você gosta quando entra em um site e ele está mais lento que uma tartaruga apostando corrida?
- Você gosta de entrar em um site em que precisa dar mais de dez cliques para finalmente encontrar o que estava procurando?
- Você gosta de entrar em um site e, após ler o conteúdo, ter a sensação de que perdeu minutos preciosos em sua vida?

Se disse não para algumas das perguntas, você entendeu como o Google funciona.

Há duas maneiras de fazer uma leitura sobre o funcionamento do Google.

A primeira e mais bonita é que o Google ama todos os internautas do mundo e é uma empresa que se preocupa verdadeiramente com a experiência das pessoas. Logo, se um site não proporciona uma boa experiência para seus visitantes, não merece ficar bem posicionado na busca.

A segunda, e um pouco menos romântica, é que o Google é uma empresa de capital aberto, que possui seus acionistas. Logo, não está para brincadeira e quer reduzir seus custos para faturar mais. Pensando assim, se um site é lento, gera mais custos para que o Google faça o rastreamento e a indexação, exigindo mais dos servidores.

Acredito nas duas versões. Afinal, além dos lucros que busca, se o Google não se preocupasse com a experiência dos usuários, não teria se tornado o maior buscador do mundo.

Recapitulando: o primeiro passo consiste em entender como o Google funciona e você precisa estar atento para suas diretrizes de qualidade. Basta pesquisar por "diretrizes para webmaster" para ter acesso a todas as regras.

De modo geral, você tem de cuidar de toda a parte estrutural de seu site, precisa de uma página que não seja lenta ao carregar, com um código de programação limpo, imagens leves, conteúdo relevante, boa usabilidade, ou seja, um site de fácil navegação etc.

Você pode checar se oferece tudo isso fazendo auditorias periódicas em seu site.

Realizar a auditoria em um site publicado consiste em uma das atividades mais comuns no dia a dia de um profissional de SEO. O conhecimento das técnicas de SEO ainda não é tão disseminado quanto deveria e muitos programadores sequer fazem ideia do que significa a sigla.

Por esse motivo, muitos erros podem ser identificados durante a auditoria SEO, no que se refere à parte estrutural do site. Erros de configuração no servidor, redirecionamentos feitos de maneira errada etc.

Essa dificuldade inclui também os gerenciadores de conteúdo, entre os quais boa parte não apresenta um cenário tão favorável para a utilização das técnicas. Nesse contexto, o Wordpress se destaca.

O WordPress conquistou fãs e críticos ao longo dos últimos anos. Ao passo que muitas pessoas elogiam e, ferozmente, indicam a utilização da plataforma, outros a consideram para "amadores", entre tantas coisas. Lembro que o sucesso de um site não depende somente de sua plataforma CMS (content management system), e que esse passo deve ser bem pensado e planejado, para evitar problemas futuros.

Um dos pontos mais positivos que destaco no WordPress, ou WP para os íntimos, é sua estruturação, ou seja, a customização da plataforma é muito simples, desde a definição dos permalinks, até a criação de categorias, tags etc.

No entanto, apesar dos benefícios comprovados na utilização da plataforma WordPress, um site em WP não é o suficiente para conquistar resultados em SEO, sendo preciso muito mais que uma configuração correta e os plug-ins indicados.

Na sequência, alguns dos elementos que devem ser levados em consideração, durante uma auditoria SEO.

- **ACESSIBILIDADE**

Ter um site acessível aos motores de busca é básico para que seja posicionado nos resultados orgânicos. No entanto, alguns deles não recebem visitantes porque o website está bloqueado, isto é, inacessível para os mecanismos de busca. Para aprender a receita de como deixar seu site acessível para esses mecanismos, você pode usar o código que indico na sequência, assim como acessar a página www.sistemadevendasonline.com.br/ indexar-no-google.

Um pequeno arquivo de nome robots.txt tem a missão de permitir ou negar a indexação de um site.

Para permitir que todo o conteúdo seja indexado, utilize a formatação:

User-agent: *

Disallow:

Para bloquear todo o conteúdo do website, faça uso de:

User-agent: *

Disallow: /

No exemplo a seguir, somente as pastas "wp-admin" e "wp-includes" não devem ser indexadas.

User-agent: *

Disallow: /wp-admin/

Disallow: /wp-includes/

Alguns programadores, principalmente em períodos de manutenção do website, mudança de layout ou troca de servidor, optam pelo bloqueio por meio do arquivo robots. Muito cuidado para não se esquecer de atualizar o arquivo, liberando o acesso novamente aos motores de busca.

Outro arquivo importante é o XML Sitemaps, reconhecido por Google, Yahoo e Microsoft, que consiste na lista de todas as URL's de seu site que você deseja que sejam indexadas. O Sitemaps foi anunciado em 2005, pelo Google; um ano depois, a Microsoft e o Yahoo também concordaram com o envio do arquivo.

Ele pode ser gerado gratuitamente pelo site http://www.xml-sitemaps.com. A versão gratuita suporta sites de até 500 URL's.

Acima dessa quantidade, você deve solicitar ao responsável pelo servidor de seu site que gere o arquivo. Para sites em Wordpress, existe o plugin "XML-Sitemaps". O arquivo Sitemaps deve ser enviado via ftp para a raiz do site.

- **WEBMASTER TOOLS**

A ferramenta para webmaster do Google é uma peça fundamental na auditoria e na otimização SEO. Para utilizar essa ferramenta basta acessar a página https://www.google.com/webmasters/tool e logar com uma conta do Gmail. Em seguida, você deverá adicionar seu site e seguir as etapas, comprovando que o domínio é de sua propriedade.

Após a autenticação do site, você terá acesso a uma série de informações, como:

Erros de rastreamento

Consultas de pesquisas

Informações sobre o Sitemaps (URL's enviadas x indexadas)

Links que apontam para seus siteLinks internos

URL's bloqueadas (arquivo robots.txt)

Estatísticas de rastreamento

Melhorias HTML

Nos dados referentes às melhorias HTML, teremos a identificação de erros que devem ser resolvidos o quanto antes, como:

Títulos duplicados

Descrições duplicadas

Títulos ausentes

Conteúdo duplicado

Títulos longos

Títulos curtos

- **ANALISE SUA PRESENÇA ON-LINE**

Identifique a atual presença on-line de seu website nos mecanismos de busca. Comece levantando dados, como quantas páginas indexadas seu site possui. Como dica, veja no Google em "site: www.seudominio.com.br": o total de resultados deverá representar a quantidade de URL's que o Google indexou de seu site.

Faça uma busca por termos relacionados com sua marca e verifique seu posicionamento. Outra dica é testar o cache do Google, para se certificar de que as versões de sua página em cache sejam iguais às atuais.

Para fazer essa pesquisa digite: "cache: www.seusite.com.br".

Crie uma lista do posicionamento de seu site para as principais palavras-chaves relacionadas com o negócio. Se você é dono de uma locadora de carros em São Paulo, pesquise por: "aluguel de carros em São Paulo" e identifique onde seu site está posicionado.

Uma orientação importante: avalie a qualidade dos títulos de suas páginas. Nesse momento, seu site já deverá ter títulos exclusivos para cada página. E outra: realize uma pesquisa de palavra-chave para definir os melhores termos.

Responda às seguintes perguntas:

As palavras-chaves em seu título são ideais?

Há palavras-chaves semelhantes concorrendo entre si em páginas diferentes?

Exemplo 1: Home (criação de sites em Fortaleza)

Exemplo 2: Serviços (desenvolvimento de sites em Fortaleza)

Falaremos sobre pesquisa de palavra-chave no manual de boas práticas para produção de conteúdo.

- ### REDIRECIONAMENTO 301

Verifique se a versão sem o www de seu site (http://seusite.com.br) utiliza um redirecionamento 301 para a versão com o www (http://www.seusite.com.br). E vice-versa. O importante é que somente um tipo de URL seja definido, o que se chama de "redirecionamento canônico". Peça ajuda ao responsável pelo servidor.

O procedimento é crucial e evita que o website "acumule" conteúdo duplicado.

- **PS: USABILIDADE**

Apesar de não contemplar aspectos técnicos diretamente relacionados com o trabalho de SEO, a usabilidade influi diretamente na experiência dos usuários. E gerar uma boa experiência para eles é o principal objetivo das técnicas de SEO.

- **FATORES ON PAGE**

Observe os elementos On Page que influenciam o posicionamento de uma página.

URL – As palavras-chaves que você deseja posicionar devem estar presentes na URL da página. Ou seja, os termos "como tirar visto" e "Estados Unidos" devem estar presentes na URL do exemplo citado anteriormente.

Descrição – A descrição da página consiste no texto de chamada que será apresentado no Google, logo abaixo do título. Apesar de não representar um fator de ranqueamento, a descrição da página pode tornar o resultado mais relevante, influenciando diretamente na taxa de cliques.

- **DESTAQUE-SE NOS RESULTADOS**

Quantas pesquisas você realiza cujos títulos surgem como uma sopa de letrinhas entrelaçadas, muitas vezes com repetições, e a descrição abaixo do título não diz quase nada? É sobre essa descrição, utilizada como meta description, que vamos observar alguns pontos, nesse post.

Como foi dito no artigo sobre SEO, isso também é marketing. Quase sempre, a criatividade fica de lado e as palavras-chaves ganham força sem nenhuma preocupação com a clareza e a objetividade dos títulos e descrições.

De fato, a utilização das palavras-chaves nos títulos das páginas representa grande relevância dentro das técnicas de SEO, mas é preciso cuidado na criação desses títulos, lembrando sempre que, na interface do Google, seu link surgirá para os usuários como um anúncio, literalmente.

Description não tem influência no ranqueamento?

A meta description de um website não é vista como um fator de ranqueamento de uma página. No entanto, isso não deve ser motivo para desvalorização desse espaço tão importante para sua divulgação. Descrições curtas, longas demais ou irrelevantes devem ser corrigidas.

Repare no resultado:

Notebook, LED, Windows 7, Intel – Informática – **LG** Electronics Brasil ॥
www.lge.com/br/informatica/notebook/index.jsp
+40 itens – A linha de **notebooks LG** proporciona produtividade, ...
A530-T.BE76P1(7676) Tela 3D Full HD (1920x1080)
P430-G.BC41P1(3430) Tela fina e superleve e com segunda geração do ...

Na descrição, não temos informações claras e uma descrição muito longa, por isso a pontuação "...". Isso acontece quando não há uma descrição bem definida. Nesse caso, o Google procura pelo termo presente na palavra-chave pesquisada, ou "Notebook LG", no exemplo.

Uma boa description atrai mais cliques:

Com uma descrição criativa, clara e com elementos persuasivos você poderá influenciar diretamente a quantidade de cliques recebidos.

Resumir em 153 caracteres o conteúdo da página nem sempre é uma tarefa fácil. Contudo, com o costume do uso do Twitter, também não é das mais difíceis.

Crie descrições que despertem o interesse dos usuários e se destaquem em meio a tantos outros resultados.

Nome das imagens:

Dois detalhes precisam ser bem observados quando se trata de imagens.

O primeiro diz respeito ao peso das imagens. É preciso muita atenção para não publicar imagens grandes demais, como 800 KB que poderiam ser postadas com 80 ou 90 KB, por exemplo.

Ferramentas como o Infraview auxiliam na redução do peso das imagens. Outro software é o próprio Photoshop, quando salvamos a imagem com a opção "Salvar como Web e dispositivos".

A ferramenta on-line GTMETRIX (www.gtmetrix.com) auxilia na avaliação de uma página e um dos relatórios fala da otimização das imagens, ajudando a identificar quais imagens ficaram "acima do peso".

O segundo se refere às informações sobre as imagens que apresentamos para os mecanismos de busca.

Muitas vezes, as imagens são salvas apenas com caracteres, como D231232.jpg, o que é errado. A opção correta é a utilização das palavras-chaves relacionadas com a imagem e, principalmente, com o conteúdo.

Utilização de negrito e itálico:

O Google entende que palavras que ficam em negrito ou itálico merecem uma atenção maior no momento do rastreamento. Isso acontece, pois no código HTML essas palavras ficam entre a tag <strong>, que significa força, passando a ter um peso maior em meio às demais.

Muito cuidado com a utilização do negrito. Seu uso exige moderação e precisão. É necessário manter o bom senso entre a quantidade de caracteres no texto e a quantidade de palavras em negrito e itálico.

Linkagem interna:

Os links criados internamente, dentro de um website, aumentam o Link Juice (link de confiança, reputação) das páginas linkadas, ou seja, a página que passa a receber links de outras páginas é reforçada pelas referências recebidas por meio dos links internos.

Uso de palavras-chaves na tag de título:

A tag de título é considerada um dos fatores mais importantes para a classificação de uma página. Os títulos de seu site devem ser ricos em palavras-chaves relevantes e "resumir" o conteúdo da página. As palavras utilizadas no começo do título recebem um peso maior por parte dos mecanismos de busca. Por esse motivo é indicado que você o inicie usando os termos que deseja posicionar.

Exemplo para uma página a ser posicionada com o termo: "Sushi em Fortaleza".

Título errado: O melhor da comida oriental l Sushi em Fortaleza

Título correto: Sushi em Fortaleza l O melhor da comida oriental

Cuidado para evitar o excesso de palavras-chaves em um título.

Exemplo: Criação de sites, Desenvolvimento de sites, Agência web

Um título pode ter até 65 caracteres e seu início deve ser rico em palavras-chaves.

Eis um resumo dos pontos que devem ser pensados, antes da publicação do site:

- Qualidade do servidor
- Criação de arquivo XML.
- Arquivo robots.txt definindo o que deve ser indexado.
- Arquitetura da informação.
- Pesquisa de palavras-chaves.
- Dificuldade de palavras-chaves.
- Palavras-chaves para composição dos links.
- Criação de URL's amigáveis.
- Definição de linkagem interna.
- Título único para cada página.
- Descrição única para cada página.
- Criação de links entre artigos e páginas do site.
- Utilização de texto-âncora.
- Redução da profundidade dos links.
- Linha editorial.
- Plugins sociais.

Qual é a autoridade de seu site?

Um dos relatórios que a ferramenta para webmaster do Google oferece é o de sites que estão ligados ao seu. Vale relembrar que são esses links (votos) que influenciam diretamente na autoridade de seu site na web.

Outra forma de identificar links que apontam para sua página é realizando uma busca no Google por: "links: www.seusite.com.br".

Aproveite também para listar os sites que são apontados para seus concorrentes. Algumas ferramentas para levantar dados sobre autoridade e origens de links são:

www.opensiteexplorer.org, www.majesticseo.com ou www.ahrefs.com.

Entenda seu público

Quando nos referimos à construção de audiência, um dos pontos a se destacar diz respeito à identificação de problemas. Suas chances de sucesso crescem consideravelmente se você otimizar o site e passar a se preocupar com os fatores para a criação de conteúdos que sejam problemas a ser resolvidos.

Ao escrever pensando naquilo que as pessoas procuram, você sempre se coloca no ciclo de interesse e com maior chance de ser encontrado por seu público em pesquisas no Google.

No começo de minha carreira como consultor em marketing digital, pouco antes de abrir minha agência, tive o privilégio de conhecer um dos diretores de um importante grupo de comunicação do Brasil. Ele precisava de um profissional que pudesse ajudar na criação de estratégias para potencializar seu tráfego orgânico, ou seja, aumentar as visitas recebidas pelo Google.

Ele me desafiou a iniciar um projeto de consultoria e treinamento dentro do grupo. Aceitei a proposta e, em poucos meses, começamos a colher ótimos resultados.

A primeira etapa foi aplicar exatamente o que peço que você faça agora: concentrar-se nos problemas e nas dúvidas das pessoas.

Começamos a usar uma série de ferramentas para identificar assuntos relevantes em cada época específica, como o Google trends, que apresenta uma estimativa de buscas em gráficos sobre o interesse por palavras-chaves específicas.

Uma de suas opções é poder solicitar ao Google que apresente os termos mais buscados nos últimos sete dias. Em uma dessas pesquisas, localizamos a expressão "visto americano". Naquela semana, Barack Obama, presidente dos Estados Unidos havia dado uma declaração dizendo que facilitaria a emissão de vistos para os brasileiros. Com a notícia, milhares de pessoas foram para o Google pesquisar mais informações sobre como tirar o visto americano.

Decidimos que seria estratégico produzir um conteúdo tutorial acerca daquele tema, aproveitando a demanda daqueles dias. Usamos a ferramenta do Google de pesquisa de palavras-chaves e inserimos os termos "Visto americano", "Visto para os Estados Unidos", "Visto para os EUA", entre outros.

Uma série de perguntas se repetiu com alto volume de buscas, tais como:

Quanto tempo leva para conseguir um visto americano?

Que documentos são necessários?

Quanto custa tirar um visto americano?

Listamos diversas delas e uma jornalista iniciou a produção de conteúdo com base naquelas pesquisas. O artigo ficou incrível: um guia completo com dicas e informações sobre a obtenção do visto americano. Todo o conteúdo foi otimizado para os mecanismos de busca: título da página com palavras-chaves corretas, URL da página, textos, imagens, links internos etc. O artigo recebeu milhares de visitas, sendo o mais lido daquele mês.

Tudo começou com a identificação de um tema, que tratava de um problema ou uma dúvida que as pessoas tinham naquele momento. A união de pesquisa de temas que envolvem a necessidade de ajuda por parte dos usuários com a aplicação das técnicas de SEO aliadas à criação de um conteúdo útil e relevante tende a gerar ótimos resultados.

Lembro-me de um cliente que gostava de ser criativo na elaboração de seus títulos, trabalhando com metáforas ou frases de efeito. Para uma oferta de bronzeamento artificial ele utilizou: "Fique com a cor do verão".

O título podia até ser interessante e chamar a atenção das pessoas. Contudo, era muito difícil uma mulher acessar o Google, fechar os olhos e digitar: "Quero ficar com a cor do verão".

A pesquisa correta seria: "Bronzeamento artificial em [cidade] ou [bairro]".

Como se descobre isso? Pesquisando.

Você precisa estar atento não somente ao interesse do público, mas à forma como ele pesquisa sobre aquilo. Não se engane. As pessoas tendem a pesquisar de um jeito muito particular. Não pense que todo mundo usa o Google como você.

Portanto, depois que você preparou o site e cuidou de todos os detalhes técnicos, **a segunda etapa** consiste em escolher com muita atenção e cuidado quais palavras-chaves, temas e artigos serão inseridos, para que ele possa atrair milhares de visitantes por meio do Google.

A terceira etapa diz respeito à execução do planejamento realizado na segunda etapa. Depois de definir os temas, na segunda etapa, você escreverá sobre o assunto.

Gosto de chamar esse passo de "preocupe-se em fazer seu visitante feliz".

Depois que você constrói um site otimizado, trabalha as palavras-chaves corretas e produz um conteúdo relevante, suas chances de conquistar as primeiras visitas orgânicas são bem maiores. Entretanto, de nada adianta receber milhares de visitantes que não continuem navegando em seu site ou ignorem seu conteúdo.

Uma vez que você conseguiu receber o visitante, cuide dele da melhor maneira possível. Cuidar significa entregar conteúdo útil e relevante e ajudá-lo a resolver seus problemas por meio dele. A produção de conteúdo é uma das estratégias mais eficientes para gerar resultados para seu blog/site.

Um conteúdo precisa ser um bom comunicador. Sabe o que isso significa? Ser claro o suficiente para que todos entendam o que se está falando. Algumas pessoas falam de maneira complicada e se irritam, por não serem compreendidas.

Aquele que vai ensinar algo ou compartilhar uma mensagem precisa ter o cuidado de apresentar seu conteúdo da melhor forma possível.

Cometi muito esse erro no começo de minha carreira como consultor. Ao visitar alguns clientes, pela reação destes, era notório que não estavam entendendo absolutamente nada do que estavam ouvindo.

Resultado? Ele não fechava nenhum contrato. Como alguém pode contratar qualquer produto/serviço se não consegue entender como funciona?

Naquela época, decidi simplificar ao máximo tudo o que estava apresentando. Adicionei diversos exemplos de outros sites, conceitos menos técnicos e uma linguagem mais clara e objetiva. Foi surpreendente ver que a forma como apresentava o conteúdo era crucial para selar um negócio.

Antes disso, dedicava-me muito para ser visto pelo cliente como alguém capaz de gerar resultados e para ter a oportunidade de apresentar minhas soluções. Contudo, perdia diversas chances, por não ser um bom comunicador.

A situação é semelhante à de um website que recebe milhares de visitas, todos os dias, e não consegue fechar uma venda para contar história. É possível que as questões dos clientes não estejam sendo respondidas de maneira eficiente.

E é algo sobre o qual você precisa ficar muito atento.

Existem os fatores chamados Off Page que, basicamente, representam tudo aquilo que está fora do alcance de sua interferência direta.

Um exemplo de fator off page é quando outro site aponta para seu blog/site, isso representa um voto. Logo, quanto mais votos, maior a reputação de um site. No entanto, isso mudou bastante nas últimas atualizações. O que realmente passou a importar foram os chamados links de qualidade. Você precisa trabalhar a reputação do site na comunidade da qual faz parte. As pessoas vão referenciar seu conteúdo e, por meio desse voto, as chances de ranqueamento aumentam de modo considerável.

É importante desenvolver uma presença eficiente em fóruns, grupos e comunidades que tratem de sua área de atuação, pois as chances de receber votos por links ficam maiores.

A quarta etapa reside em estratégia constante de parcerias, divulgação de conteúdo e construção de reputação de seu website, voltando mais uma vez à importância de uma presença on-line com base na entrega de conteúdo de valor.

Transformar esses visitantes em clientes é algo fundamental para a construção de seu negócio de sucesso, afinal, todo seu esforço foi para atrair um público qualificado com características necessárias para se tornar um comprador.

Acompanhei de perto o crescimento de uma locadora de veículos que conseguiu aumentar em mais de 40% suas reservas com o uso do Google. Tudo começou com a reestruturação do site, para que ele carregasse em menos tempo, com imagens leves, facilidade para realização de reservas e diversas melhorias.

O site estava bem posicionado para o termo: "Locação de Carros". No entanto, identificamos que, naquela região específica, havia um volume de buscas maior para o termo "Aluguel de carros". A simples mudança, somada às melhorias na estrutura do site, fizeram com que ele aumentasse seu tráfego de visitantes naturais em mais de 30%.

No entanto, existia um desafio nesse contexto. Como produzir conteúdo para uma locadora de carros? E a resposta veio por meio de uma pesquisa com os atuais clientes, a qual mostrou que a maioria era de turistas com o único propósito de passear. Mais de 80% dos que faziam reservas utilizariam o carro para passeio.

Surgiu, então, a ideia de produzir conteúdo sobre turismo, com informações sobre praias, restaurantes, festas, culinária. Um verdadeiro guia de turismo. O resultado foi que os usuários pesquisavam por informações turísticas e acabavam reservando um carro, pois era certo que precisariam dele.

Esse é um exemplo de como o conteúdo pode fazer toda a diferença na estratégia de um website, principalmente em sua relação direta com as vendas.

As pessoas compram antes as informações sobre seu produto. Entregue informações relevantes e você estará mais perto de alcançar seus resultados.

CAPÍTULO 9

PASSO 4: CONSTRUA SEU SISTEMA DE VENDAS ON-LINE

PARA QUE VOCÊ POSSA ENTENDER POR COMPLETO o que significa ter um sistema de vendas on-line, vou explicar rapidamente aquilo que tenho como referência acerca do conceito.

Em seu livro *Pai rico, pai pobre*, um dos mais vendidos do mundo sobre finanças, Robert Kyosaki comenta sobre o que considera como o verdadeiro motivo da riqueza de Thomas Edison.

De acordo com o autor, Thomas Edison não criou fortuna por ter inventado a lâmpada, mas pelo sistema que criou no qual a lâmpada foi somente o pontapé inicial para tudo aquilo que seria possível realizar a partir de sua invenção.

Lâmpada, sistema de energia elétrica, produtos movidos à eletricidade. Uma vez que o sistema está criado, ele tem a capacidade de funcionar de maneira automatizada.

Vamos relacionar esse conceito com a internet, para que possamos entender o que, de fato, é um sistema de vendas on-line.

No ambiente digital temos a oportunidade de compartilhar soluções específicas, para problemas específicos de um público específico. Tudo de maneira on-line e automatizada. Uma vez que você se torna autoridade em sua área de atuação, passa a identificar os problemas que seu público enfrenta, suas dificuldades e aquilo que ele está procurando como possível solução.

A grande chave que liga o sistema de vendas on-line consiste em entender que existe uma grande recorrência no que se refere aos problemas e dúvidas que um público específico enfrenta.

Falar inglês, por exemplo.

Muita gente precisa disso, porque o trabalho exige contato com profissionais que falam inglês.

O problema em questão: não dominar o inglês

A solução procurada: inglês para reuniões de negócios.

O tema "Falar inglês" é genérico e abrangente, porém, o subtema "Inglês para negócios" é específico e possui uma demanda específica.

Na criação de seu sistema, as etapas fundamentais são selecionar um público específico, criar uma solução específica para construir sua audiência e, em seguida, direcionar esse público para uma campanha de vendas.

Para ilustrar um sistema em funcionamento, cito o caso da Universidade do Inglês, uma escola pela internet que utiliza um método da aprendizagem acelerada para ensinar os alunos a falar inglês em oito semanas, dez semanas ou seis meses.

O posicionamento da empresa é: "O jeito mais rápido de falar inglês".

Este último é importante na criação do sistema, pois será o responsável por criar sua autoridade no ambiente digital. O público-alvo da empresa é formado por profissionais que têm de aprender inglês para levar suas carreiras a um novo nível.

Com base nessa definição de público-alvo, o próximo passo do sistema consiste em criar um ímã digital, que tem por objetivo atrair um público específico em busca de uma solução específica.

Você pode construir diversos ímãs digitais, até para vender o mesmo produto, desde que siga o princípio de solução específica para um problema específico.

Vamos ao exemplo do curso de inglês. O curso é o produto e o primeiro ímã para o público que precisa aprender inglês por questões profissionais poderia ser:

Inglês para negócios: sete diálogos situacionais para você se sair bem em qualquer reunião.

ou

Guia rápido para entrevista de emprego em inglês.

Agora, suponha que vamos criar um ímã para pessoas que precisam falar inglês para realizar uma viagem para os Estados Unidos. Que tal:

Guia Prático de Inglês para Viagens: Manual completo para você não passar vergonha nos EUA.

Ímãs diferentes para públicos diferentes, o mesmo produto.

O ímã digital será responsável por criar sua audiência segmentada. Imagine que 10 mil pessoas façam o download do ímã "Inglês para negócios". Você sabe que deve ser um público que precisa do inglês por questões profissionais. Logo, toda a comunicação de vendas será direcionada para solucionar esse problema. Uma vez criado o ímã digital, você precisará de uma página de captura, isto é, uma página para apresentar o ímã para o público-alvo. Ao acessar essa página, o público poderá conseguir acesso ao material, em troca de um e-mail pessoal.

Acesse os links www.sistemadevendasonline.com.br/aula-landing-page e www.sistemadevendasonline.com.br/validacao-ima-digital para entender melhor estes dois elementos do sistema de vendas on-line.

A permissão

Duas coisas acontecem quando você disponibiliza um ímã digital e seu público faz o download ou o cadastro.

Você constrói uma lista segmentada com base no interesse de seu público.

Você recebe a permissão para se comunicar diretamente com essas pessoas.

A partir do momento que o usuário faz o cadastro, dá uma clara autorização para você manter um relacionamento com ele e enviar novos e-mails. Logo após o cadastro, o usuário terá acesso a seu ímã digital, em videoaula, PDF, e-book ou treinamento.

É o momento da recompensa. Um ímã digital precisa ter uma recompensa imediata para o público. Após o cadastro, ele deve receber automaticamente aquilo que você prometeu.

Apenas prometer "Faça seu cadastro e receba as últimas novidades" pode até gerar cadastros de e-mails, embora não segmente o público, bem como não prepara uma venda futura.

Introdução e primeira impressão

Dizem que a primeira impressão é a que fica. Acredite. O primeiro e-mail que você envia tem o poder de criar, ou não, um relacionamento com seu público.

Por isso, é importante que você tenha uma preocupação com as etapas seguintes.

Uma das grandes dificuldades enfrentadas pelos iniciantes no mundo do marketing digital está na definição correta de um cronograma a ser implementado. Profissionais que possuem listas com centenas ou milhares de pessoas, muitas vezes, não sabem o que enviar para elas.

Todo bom vendedor sabe que os primeiros momentos com um cliente em potencial são de extrema importância, e na internet isso não é diferente.

A fase de introdução consiste nos primeiros contatos que seu público tem com sua marca/nome. Nessa fase, é importante que você não só cause uma boa primeira impressão, mas conduza estrategicamente o público para a próxima fase.

Três pontos precisam ser trabalhados em uma campanha de introdução.

QUEM VOCÊ É E QUAL PROBLEMA VAI AJUDAR A RESOLVER

Nesta etapa, o objetivo é apresentar para sua audiência quem é você, qual problema vai ajudar a resolver e qual a vantagem para o público em continuar a lhe acompanhar.

Um exemplo de e-mail ou mensagem de introdução seria:

> Olá, aqui é [inserir sua empresa, nome] e quero agradecer por você ter feito o cadastro para [inserir aqui seu ímã]. Essa foi uma excelente decisão.
>
> Clique no link abaixo para fazer o download [inserir o link para que o visitante possa fazer o download ou assistir vídeo].
>
> Nos próximos dias, vou enviar uma série de conteúdos para lhe ajudar a [especificar aqui algum desejo ou resultado esperado pelo público].
>
> Se você está firme em sua decisão de [inserir aqui o desejo do público], os próximos dias serão fundamentais para que possa finalmente [inserir resultado desejado].

Após o usuário entrar em sua lista e receber o primeiro e-mail de introdução, você deixou orientações acerca dos próximos dias. Nesse momento, você criou uma expectativa sobre os conteúdos que serão distribuídos.

A simples frase "Nos próximos dias, vou enviar X vídeos ou X e-mails" cria uma antecipação no público e ele sabe que algo vai acontecer, em breve.

A tensão gera atenção na audiência.

ENGAJAMENTO COM SUA AUDIÊNCIA

Na fase do engajamento, o objetivo é fazer com que o público tenha algum tipo de interação com seu conteúdo. Ele vai assistir a uma videoaula e comentar, ou vai ler algum artigo e deixar um comentário. A etapa de engajamento é fundamental no caminho percorrido por seu cliente até a compra.

Nela, ele deixará comentários e dúvidas sobre seu produto/serviço. Com essas informações, você poderá fazer ajustes na apresentação da oferta que acontecerá na próxima etapa. O conteúdo da série de engajamento precisa ter total relação com o ímã que foi oferecido em troca do e-mail, bem como com o produto/serviço que será oferecido a seguir.

Ao dar a chance ao público de ter acesso gratuito a seu conteúdo, além de gerar um relacionamento com ele, você o estará preparando para a venda de algo.

Por isso, é importante que durante a apresentação do conteúdo gratuito você informe sutilmente que há um produto/serviço que logo será oferecido.

O período de engajamento pode durar entre três e quinze dias, dependendo do valor do produto. Quanto maior o valor a ser investido pelo público, maiores engajamento e relacionamento são necessários para que suas chances de vendas aumentem de forma considerável.

APRESENTAÇÃO DA OFERTA

Uma vez que você construiu sua audiência, oferecendo gratuitamente um ímã digital, entregou novos conteúdos em uma série de engajamento, leu os comentários e interagiu com o público, chegou a hora de fazer a oferta de vendas.

Quando você consegue que seu público passe pelas etapas anteriores, ele provavelmente estará preparado para avançar para o próximo passo.

Na apresentação da oferta, criar o momento da oportunidade para seu público é de extrema importância. Esse momento pode ser dividido em três partes (apelos):

O primeiro apelo deve ser direcionado para o ganho, isto é, você pode apresentar as vantagens de comprar naquele exato momento em que fez a oferta. Esse ganho pode ser um desconto ou um bônus adicional para a compra.

Nessa primeira mensagem, você pode criar algo no seguinte formato:

> Nos últimos dias, você acompanhou [inserir aqui o que seu público aprendeu na série de engajamento].
>
> E eu compartilhei informações valiosas para que você possa [inserir aqui o desejo que seu público quer alcançar].
>
> Hoje, você terá a oportunidade de adquirir [inserir aqui sua oferta].
>
> Ao fazer sua compra agora, você terá direito [inserir aqui benefícios, seja desconto, seja bônus adicional].

O segundo apelo, que pode acontecer um dia após o primeiro, é direcionado para os que acompanharam sua série de engajamento e ainda não compraram seu produto.

> Trabalhe com a lógica.
>
> Nos últimos dias, você acompanhou [inserir conteúdo da série de engajamento]
>
> Se você realmente quer [inserir aqui o desejo do público], o [inserir seu produto/serviço] é o passo ideal.
>
> Para garantir [inserir produto/serviço] + [inserir aqui bônus ou vantagem adicional pela compra], você precisa agir o quanto antes.

O terceiro apelo é dedicado ao medo ou à escassez.

É uma mensagem que trabalha de maneira específica a última oportunidade de garantir a condição exclusiva que você dedicou somente às pessoas que acompanharam sua série de engajamento. Um modelo seria:

> Nos últimos dias, você acompanhou [inserir série de engajamento]. Hoje, é o último dia para que você possa garantir [inserir aqui seu produto] + [inserir aqui bônus ou condição especial].
>
> Essa oferta é exclusiva para você, que acompanhou [inserir tema da série de engajamento] e é válida somente até hoje [inserir a data-limite].

Esse período de campanha de vendas, que vem logo após a introdução e a série de engajamento, tende a gerar de duas a três vezes mais vendas.

No mundo digital, a criação de relacionamento com o público é fator fundamental para o sucesso das vendas. O consumidor digital é um pesquisador nato e está completamente munido de informações antes de realizar uma compra. Isso faz com que o processo de decisão de compra dentro do ambiente on-line passe por uma série de etapas, incluindo as pesquisas que são feitas no Google, em sites de reclamações ou nas redes sociais com os amigos.

Assim como uma compra na internet pode ser feita em poucos cliques, o medo de tomar uma decisão errada faz com que cada clique possa demorar dias, e até meses, para finalmente ser realizado.

A verdade é que muitas vendas são perdidas no ambiente on-line, todos os dias, por empresários e profissionais. E os motivos pelos quais as pessoas não compram podem ser chamados de "Por que as pessoas dizem não?".

Sempre que um visitante diz não para uma compra on--line, isso foi resultado de uma objeção, uma razão que fez com que a compra não fosse finalizada.

Para que você tenha uma clara compreensão sobre as objeções de vendas no ambiente on-line, falaremos a seguir sobre o conceito de neuromarketing e marketing de resposta direta.

O marketing de resposta direta consiste em ações de marketing que possuem métricas claras a ser mensuradas após sua execução.

Digamos que você tenha uma lista de e-mails de mil pessoas e faz um disparo vendendo um produto de 49 reais. Ao final do dia, é possível identificar quantas pessoas abriram aquele e-mail e realizaram uma compra. Considerando que cem pessoas adquiriram o produto, temos uma taxa de conversão de 10% e um faturamento bruto de 4.900 reais. A resposta real da campanha foi esta.

Agora, considere que dentro das novecentas pessoas, algumas não abriram o e-mail e outras viram a oferta, sem realizar a compra. Essas pessoas que disseram não o fizeram por alguma objeção.

Quando você utiliza o sistema de vendas on-line para gerenciar seu negócio, a cada campanha você tem números a analisar e novos testes a realizar.

Uma das estratégias mais eficientes para aumentar suas vendas on-line é tratar as objeções de seu público. Isso significa estudar em minúcias o motivo pelo qual alguns compram e outros não. E, em seguida, descobrir que razões têm impedido uma parte do público de finalizar a compra.

É nesse ponto que o neuromarketing entra em ação. Ele consiste no estudo do comportamento de compra do consumidor, como ele reage às mensagens publicitárias, como funciona sua mente e como influenciá-lo de maneira eficiente.

É incrível como tantos profissionais de marketing e vendas ainda não pararam para fazer essa simples e poderosa pergunta: "Como posso atingir o subconsciente de meu consumidor?" No entanto, antes de falar sobre como fazer, vamos explicar por que isso é tão importante para seu negócio.

O primeiro exercício que você precisa fazer é lembrar que, além de um profissional de marketing, estudante da área ou empresário, também é um consumidor. E, como todo consumidor, participa de compras, vendas e negociações, diariamente.

Quando falo em "negociações", por favor, não pense em uma negociação milionária, lembre-se do pão que você comprou na mercearia, tudo bem? A questão é que de muitas dessas negociações você nem ao menos se recorda.

A todo instante, você toma inúmeras decisões, desde o alimento que vai colocar no carrinho, a comida que vai adicionar ao prato no self-service ou a roupa que escolheu para vestir.

Na verdade, a grande maioria dos profissionais tem se limitado a atuar somente na primeira camada da mente do consumidor. Muitas empresas conseguem obter êxito em sua comunicação, porque fazem uso da técnica da repetição, por meio da qual a mensagem é repetida diversas vezes até o inconsciente armazenar a marca ou a peça publicitária. O fato se dá quando ela passa diversas vezes por várias partes do cérebro, compondo a memória.

Outro ponto importante está nas diversas formas de leitura que nosso cérebro tem com relação às mensagens transmitidas. Isso acontece porque as zonas cerebrais interpretam uma mesma mensagem em lugares diferentes. As áreas que usamos para ler uma palavra não são as que utilizamos para ouvi-la. Logo, uma mensagem transmitida por texto ou áudio impacta diferentes áreas do cérebro.

As três camadas de nosso cérebro

A primeira camada consiste na zona que opera os reflexos e as funções dos instintos de sobrevivência e os sexuais. Essa camada é conhecida como cérebro reptiliano ou primitivo e é decisiva nas ações e nas reações, sendo também fundamental em todas as decisões de compra.

Já a segunda camada é conhecida como o sistema límbico, responsável por processar as emoções e os estados chamados de "espírito inconsciente". Em linhas gerais, ele é responsável por reconhecer as emoções e enviar uma sensação positiva ou negativa para o sistema reptiliano. Esse sinal será fundamental para a decisão futura.

Repare bem nessa relação. O cérebro reptiliano é responsável por nosso instinto de sobrevivência, que por sua vez envolve nossos comportamentos de ação e reação no que se refere às tomadas de decisão.

Assim é, porque o ambiente em que estamos nos influencia a tomar decisões distintas. Não só o ambiente, mas o momento pelo qual estamos passando. Contudo, é na segunda camada do sistema límbico que as emoções serão percebidas e esse sentimento vai emitir um sinal para o cérebro reptiliano.

A terceira camada, onde se encontra o neocórtex, é a área que aciona nossas atividades cognitivas, como a memória, a linguagem e o próprio julgamento. É nessa área que nosso cérebro de fato está processando todos os dados, ou seja, ela é responsável por aquele momento em que paramos e começamos a refletir sobre comprar ou não comprar, abrir a carteira ou ir embora.

Esse processamento pode durar alguns segundos, minutos, horas ou dias. Quando você passa dias pensando em alguma decisão em específico, é o neocórtex que está trabalhando para você. Ele é a última parte que se forma dentro do útero e é a principal diferença entre o cérebro do animal e o humano.

Essa orquestra perfeita acomodada dentro da máquina mais poderosa do mundo, que é nosso cérebro, funciona milhares de vezes em nossas vidas.

O que você precisa colocar na mesa ao criar sua mensagem publicitária é:

"Como posso atingir diretamente o cérebro reptiliano de meu público?"

Ao direcionar sua mensagem para essa camada, você consegue uma comunicação direta com a área responsável pela tomada de decisão que você espera que seu público tenha.

A criação de uma mensagem eficiente para seu público

Há uma ideia fixa na mente de todo ser humano que é o instinto de sobrevivência. No subconsciente, reside uma mensagem muito clara de alerta a todo e qualquer perigo que possa estar em volta. Isso faz com que todas as decisões tenham como principal motivador a sobrevivência. Peças de roupas para proteger do frio, casa para dar estabilidade para a família, seguros para evitar problemas futuros etc.

O ponto-chave de toda essa discussão se encontra no momento em que você para e descobre qual o maior medo do seu consumidor.

O que tem deixado seu público preocupado? Essa talvez seja uma pergunta muito vaga, afinal, todos têm diversas preocupações e medos. No entanto, pare e reflita sobre seu público, no que diz respeito aos medos ligados a sua área de atuação.

Exemplo:

Empresários que investem milhares de reais, todos os meses, em Adwords, tendo, a cada vez, um retorno sobre o investimento sempre menor.

Qual é o medo? Investir sem ter o resultado esperado, começar a perder dinheiro, ter dificuldades na empresa. Quando você se dedica a entender o que se passa no subconsciente de seu público, é capaz de criar uma mensagem que fale diretamente com seu instinto de sobrevivência.

Seguindo o exemplo apresentado:

Problema: alto gasto com Adwords.

Solução: investir na otimização do site para aumentar o tráfego orgânico.

Qual a melhor forma de criar essa mensagem?

Ir exatamente ao ponto de dor, à raiz do problema, àquilo que está tirando o sono do consumidor.

Mensagem:

Gastando muito com o Adwords sem conseguir equilibrar o orçamento?

Aprenda a posicionar seu site no Google, aumentar as vendas e reduzir os custos com tráfego pago.

É conveniente que você não limite a construção textual somente a algumas linhas de anúncio. O importante é que você tenha definido em seu planejamento a linha que vai construir na argumentação e na apresentação de seu produto/serviço.

A melhor forma de atingir o subconsciente do consumidor é criar uma mensagem que fale diretamente dos problemas que ele está enfrentando. Mencione aquilo que lhe dá medo e, então, apresente sua solução para ele.

Isso vale até para a criação de um produto ou um serviço: descobrir quais os medos, os anseios e as aflições de sua audiência. Dessa forma, você conseguirá conquistar toda a atenção de seu público. Tentar apresentar razões lógicas, apenas, não é algo que vai ajudar no que se refere a gerar vendas on-line. Você precisa dominar a arte da persuasão, entender as estratégias fundamentais para vender suas ideias, seus produtos e serviços. É fato que a maioria das pessoas gosta de comprar, embora não aprecie se sentir forçada a fazê-lo.

Identificar problemas e comunicar sua solução de maneira eficiente é um dos segredos para alcançar o sucesso no ambiente digital. Não importa se você já tem uma empresa ou se está começando um negócio do zero, entender esses princípios pode ser a diferença entre alcançar o sucesso on-line ou perder grandes oportunidades.

CAPÍTULO 10

MOSTRE A SOLUÇÃO, MAS ABRA ESPAÇO PARA CONTINUAR VENDENDO

O SEGREDO PARA ALCANÇAR SUCESSO NA INTER-net quando o assunto é a venda on-line está na combinação de três fatores fundamentais: público certo, promessa correta e momento oportuno. Essa combinação é capaz de gerar uma oferta que dificilmente será recusada.

O mecanismo inicial para ter vendas bem-sucedidas passa pela apresentação de produtos/serviços que resolvam a dor de seu cliente. Quando você consegue comunicar de maneira eficiente que sua solução será capaz de sanar uma dor específica, suas chances de gerar vendas crescem de modo considerável.

A estratégia mais eficiente para sua empresa chamar a atenção no ambiente on-line exige uma comunicação direcionada para a resposta do problema de seu público.

Tudo aquilo que você produz de conteúdo, vídeos, artigos, e-books deve ter uma mensagem relacionada com isso. No entanto, é preciso deixar o caminho preparado para uma chamada de ação, isto é, tão logo você apresente uma solução para o público, por meio do conteúdo, é preciso direcionar o cliente para o próximo passo, que significa gerar uma venda.

Neste livro você aprendeu a criar uma lista de pessoas interessadas em seu produto/serviço, etapa fundamental para automatizar seu processo de vendas e alavancar seus resultados on-line. Contudo, uma vez que um cliente em potencial se torna um cliente comprador, é preciso tratá-lo de maneira diferenciada.

Você deve ter uma lista de e-mails só das pessoas que já compraram seu produto/serviço. Após ter acesso a sua solução, eles devem continuar sendo acompanhados, não apenas para uma etapa de pós-vendas, mas também para a apresentação de soluções complementares. Ou seja, novas vendas.

Uma lista de clientes compradores converte, em termos de vendas, até dez vezes mais que uma lista de clientes em potencial. Assim, quando o cliente compra pela primeira vez, as chances de ele adquirir novos produtos de sua empresa são muito maiores. Por esse motivo, o acompanhamento diferenciado entre os compradores de determinados produtos deve ser implementado.

Além disso, no caso de sua empresa possuir linhas de produtos diferentes, é possível trabalhar campanhas distintas para cada uma delas.

Uma boa estratégia para transformar não compradores em compradores é a criação de produtos com preços promocionais.

Exemplo:

Tenho um livro on-line que custa 7 reais. Ele entrega um conteúdo de alto valor e, tranquilamente, poderia ser vendido por mais de 7 reais.

Quando esse produto inicial é vendido por 7 reais, mais pessoas passam a se tornar clientes. Portanto, saem da lista de não compradores para a de compradores. O preço não foi uma objeção.

Agora os novos compradores são clientes e terão a oportunidade de conhecer meu produto. Dentro dessa estratégia, um novo produto pode ser oferecido somente para quem adquiriu o de 7 reais.

É uma estratégia semelhante à utilizada pela Universidade do Inglês.

A empresa disponibiliza diversos materiais gratuitos, com rico conteúdo sobre "Como aprender inglês". Após o cadastro, um produto de baixo valor é oferecido, mostrando às pessoas como aprender inglês rápido, por meio da aprendizagem acelerada. Após a compra do produto de baixo valor, o curso é oferecido por gerentes de relacionamento, somente para quem adquiriu o livro on-line.

"Recentemente, você adquiriu meu livro on-line, com o qual ensinei X, Y, Z... Se você quer dar o próximo passo, precisa conhecer este novo treinamento."

Mostre a solução, mas abra espaço para continuar vendendo. Essa é a tração que levará seu sistema de vendas on-line para um nível altamente lucrativo.

Um cliente pode comprar diversos de seus produtos. Se você trabalhar com um único produto, suas chances de vendas serão sempre reduzidas. A internet permite que você transforme seu conhecimento em conteúdo. Assim, você poderá criar diversos produtos e ganhar dinheiro com seu conhecimento.

Para isso, precisa ter a compreensão de que seu conhecimento será capaz de ajudar milhares de pessoas a resolver problemas que você já enfrentou e agora sabe como solucionar.

CAPÍTULO 11

NÃO TROQUE TEMPO POR DINHEIRO

ESTAMOS VIVENDO A CHAMADA ERA DA INFOR-mação, na qual o conhecimento é o maior ativo que um profissional deve investir. Nesse contexto, a internet proporciona às pessoas comuns a chance de elevar sua renda financeira, ajudando às outras pessoas com seu conhecimento. Gente comum muito bem remunerada por poder compartilhar conhecimentos, experiências e histórias.

Nesta obra, você viu o exemplo de professores que abandonaram o trabalho formal para empreender na internet e de um personal trainer que abandonou a academia para ensinar as pessoas a emagrecer em casa.

Pessoas que utilizaram a internet para compartilhar seu conhecimento, ajudando um público específico a resolver seus problemas. Essas pessoas agora são donas de seu próprio negócio e conseguem faturar dez, cem, mil vezes mais do que outrora, em um emprego de carteira assinada.

Essa também foi minha história, quando decidi pedir demissão de um trabalho que não gostava, de uma renda financeira que não permitia que concretizasse meus sonhos, para tomar a decisão de ser um empreendedor.

Não estou dizendo que você deve pedir demissão, caso tenha um emprego de carteira assinada. No entanto, peço com força que você parta para a ação e abra os olhos para as oportunidades que a internet trouxe para pessoas comuns como nós.

Se você começar agora, mesmo que do mais absoluto zero, e seguir o passo a passo do método, será capaz de levar sua vida profissional para um novo nível.

Tudo o que precisa fazer é acreditar e dar o primeiro passo, identificar as habilidades, os conhecimentos, a paixão e o que sabe fazer que possa ajudar a resolver o problema de outras pessoas.

Caso tenha uma empresa, venda um produto ou preste um serviço, como as pessoas pesquisam seu produto/serviço? Que dores ele poderá ajudar a resolver?

Você precisa pôr em prática o hábito de criar valor para as pessoas a sua volta, usando o poder da internet. Nesse contexto, a palavra valor representa: você faz algo de útil e compartilha com o mundo? Se sua empresa tem um serviço que pode tornar a vida das pessoas mais fácil, compartilhe isso com o mundo. Se você tem um conhecimento, criou uma técnica ou um método específico para solucionar algum tipo de problema, compartilhe isso com o mundo.

Milhares de pessoas, agora, estão enfrentando algum tipo de problema que você poderia resolver com uma simples conversa, apresentando passos a serem seguidos.

Talvez você esteja pensando: "Natanael, eu não tenho todo esse conhecimento para ajudar as pessoas".

Eu acredito, com firmeza, que todas as pessoas têm alguma mensagem para compartilhar, algum ensinamento ou conhecimento que pode ser útil.

Pare por alguns dias e anote quais são suas paixões, o que você adora fazer, e analise se seu hobbie não pode se transformar em uma oportunidade de negócios.

Minha história foi essa, quando descobri que aquilo que estava estudando, no silêncio de meu quarto, era capaz de ajudar empresários a dobrar o faturamento de suas empresas. Ao constatar que meu conhecimento era capaz de gerar resultados financeiros para milhares de empresários, consegui transformá-lo em renda financeira.

E esse será o próximo nível de sua carreira, quando você parar de trocar tempo por dinheiro, hora trabalhada por salário.

A internet permite que você ganhe dinheiro em troca de conhecimento e não de tempo. Essa é a razão pela qual, enquanto escrevo essas linhas em uma noite tranquila na sala de meu apartamento, meus produtos estão disponíveis na internet e, ao atualizar meu e-mail, posso visualizar quantas vendas foram realizadas. Esse é o novo nível que você poderá alcançar quando tomar a séria decisão de usar a internet para alavancar sua carreira e seus negócios.

O conteúdo detalhado neste livro revela como profissionais em todo o mundo têm alcançado uma independência não só financeira como de tempo em suas vidas.

São profissionais que não precisam esperar as férias para programar uma viagem, pois conseguem trabalhar de qualquer lugar do mundo. Pessoas comuns que não têm de seguir um horário rígido de trabalho, com chefes ou limitações financeiras.

Gente que investiu no ativo do conhecimento e possui milhares de seguidores que admiram seu trabalho e compram seu produto/serviço.

Tudo isso está a seu alcance, se você tiver uma mensagem a compartilhar, um público a ajudar e uma solução a oferecer. Ainda que esteja começando do zero, se seguir o método na prática, você verá que esse conhecimento será capaz de levá-lo a atingir resultados incríveis.

Talvez você já tenha investido tempo e dinheiro em diversos cursos, treinamentos e livros. É provável que possa até ter entrado no que chamo de ciclo da falência.

Qual seja:

1) Compra um curso.
2) Não consegue resultados.
3) Sente que ficou faltando alguma informação.
4) Compra outro curso.
5) Não consegue resultados.
6) Compra outro curso e recomeça o processo.

Tudo o que você precisa é parar de se distrair com informações que não vão levá-lo a lugar nenhum. Concentre toda sua energia no sentido de aplicar um método que realmente funcione. Você talvez se pergunte: "Como descobrir um método que funciona?" A resposta é muito simples.

Basta observar o que as pessoas que têm bons resultados fazem.

Se você parar para fazer isso, será capaz de identificar o padrão que apresentei em detalhes em cada capítulo do livro:

- Construa sua autoridade na internet produzindo conteúdo relevante e que ajude a resolver problemas.
- Crie um ímã digital, seu conhecimento em forma de livro on-line, treinamento em videoaulas, seminários, e construa uma lista de e-mails de pessoas interessadas em sua área de atuação.
- Engaje-se com elas, entregue conteúdo de valor, faça perguntas, identifique problemas e crie uma conversa de mão dupla.
- Faça uma oferta, quebre objeções sobre seu produto/serviço, utilize técnicas de vendas e ajude seu público no processo de tomada de decisão de compra, criando um momento perfeito para a aquisição de seu produto/serviço.

Dominar as etapas do método deve ser seu próximo objetivo. Dedique-se a entender cada passo em detalhes e esse será o caminho para levar sua vida profissional ao próximo nível.

CAPÍTULO 12

CONQUISTE SUA LIBERDADE E SUA INDEPENDÊNCIA

NÃO PASSE SEUS PRÓXIMOS ANOS RESTRITO A um salário de horas trabalhadas, na esperança de, quem sabe um dia, receber um aumento. A internet está lhe dando uma oportunidade de escrever a própria história. Seja um bom diretor e ofereça a si mesmo um papel de destaque.

Milhares de pessoas no mundo acordam frustradas e desanimadas com seu trabalho. Em muitos casos, o desânimo é o retrato de um funcionário que está insatisfeito com seu salário, que não se sente reconhecido e não consegue vislumbrar seu crescimento profissional.

Pessoas que vivem tão atarefadas com seus empregos que não conseguem tempo para estudar, fazer um curso ou buscar qualquer tipo de qualificação. Gente que enfrenta uma árdua rotina de trabalho e, à noite, só quer voltar para casa e, finalmente, dormir. E no outro dia, pela manhã, tem de começar tudo de novo.

Aqueles que comemoram uma sexta-feira como um gol da seleção brasileira na final da Copa do Mundo, mas sofrem com a chegada da segunda-feira como se estivessem enfrentando seus maiores pesadelos.

A boa notícia é que você não precisa levar essa vida para sempre. Se você tem acesso a um computador com internet, pode começar a mudar essa situação e conquistar sua liberdade e sua independência financeira.

Você deve achar que tudo isso é bom demais para ser verdade. Por muito tempo, também pensei que essa história de independência financeira pela internet não passasse de uma grande mentira orquestrada por um grupo de espertalhões.

Se não tivesse alcançado isso, criado duas empresas e visto tanta gente obter ótimos resultados, seria mais um a não acreditar.

Contudo, vi com os próprios olhos pessoas sem conhecimento avançado em marketing ou tecnologia que criaram produtos e levaram a vida profissional para outro nível.

Vi empresários comuns, sem nada de especial, utilizarem a internet como uma poderosa ferramenta para vendas e dobrando o tamanho de suas companhias.

Essa é a grande vantagem da internet: ela é justa e permite que pessoas comuns possam ter grandes oportunidades de negócios. Chegou o momento de você arregaçar as mangas e colocar seus projetos em prática.

Em nossa jornada, você aprendeu que cada um vive a própria corrida.

E que deve se concentrar em seus objetivos, reconhecendo que tem de completar sua prova.

Descobriu o que é o ciclo da falência e como fugir dele.

Aprendeu o passo a passo do funcionamento de um sistema de vendas on-line.

Adquiriu dicas práticas para mudar seu mindset, ou seja, preparar sua mente para ser um empresário digital.

Conheceu o fabuloso mercado de infoprodutos e viu como o Brasil está carente desse tipo de solução.

Aprendeu a elevar seu nome ao status de autoridade, usando a internet.

Viu como construir uma lista de e-mails de pessoas interessadas em seu conhecimento, produto/serviço.

Descobriu a otimização do conteúdo para os mecanismos de busca, utilizando seus três níveis.

Aprendeu o passo a passo para realizar uma venda on-line, a vencer as objeções de seu público, a persuadir sua audiência para aumentar as vendas.

Aprendeu também como entregar a solução para seu público, deixando sempre a porta aberta para novas vendas. Tudo isso de maneira automática.

Você tem duas decisões pela frente:

Pode se dedicar para aplicar as informações disponibilizadas de maneira detalhada neste livro e começar a levar sua vida profissional para o próximo nível, alcançando sua liberdade financeira e de tempo, capacitando-se a realizar seus sonhos e de seus familiares, utilizando a internet para ter um salto financeiro, conquistando reconhecimento profissional e, claro, ajudando milhares de pessoas.

Ou pode fechar o livro, guardando-o em uma gaveta e decidir não fazer nada com o que aprendeu.

Não estou dizendo que será fácil. Contudo, posso garantir que valerá a pena.

Você pode ser livre, basta se dedicar na aplicação de todo o conhecimento que adquiriu, direcionando-o para seus projetos e clientes e acertando a estratégia.

Crie seu sistema de vendas on-line, acompanhe os indicadores, teste, erre, persista e siga firme na proposta de levar sua vida profissional para o alto.

Tudo o que você precisa é tomar a séria decisão de levar seu projeto adiante, adquirindo o conhecimento correto e implementando-o de maneira disciplinada.

O caminho é desafiador, mas os resultados são extremamente recompensadores.

Você pode ser livre.

Eu acredito em você.

Deus o abençoe.

Natanael Oliveira

Este livro foi impresso pela Assahí Gráfica
em papel norbrite plus 66,6 g.